BONIFATIUS

Jon M. Sweeney ist Autor von über vierzig Büchern und ein gefragter Experte zum Leben des Franz von Assisi. Jon ist Katholik und mit der Rabbinerin Michal Woll verheiratet. Er schreibt Bücher und ist regelmäßig als Redner bei literarischen und religiösen Konferenzen tätig. Er ist in den sozialen Medien aktiv (X: @jonmsweeney; Facebook: jonmsweeney) und lebt mit Michal, Sima, Martin und Rosa (sowie den immer noch lebenden Goldfischen und Rennmäusen) in Milwaukee/USA.

JON M. SWEENEY

SAMTPFOTEN MOMENTE

ACHTSAM, WEISE, GELASSEN
WAS KATZEN UNS ZEIGEN

Aus dem Englischen übersetzt
von Karoline Kuhn

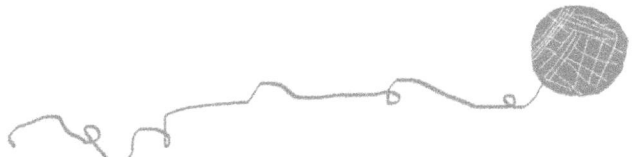

BONIFATIUS

Für Boots, Spike, Cleo, Cortez,
Bowie-hena, Katana, Mia, Martin und Rosa

INHALT

Vorwort

Ich habe schon mit Vögeln, Fischen, Nagetieren, Hunden, Amphibien und Käfern zusammengelebt, aber keine Spezies hat mich so begeistert und spirituell inspiriert wie die Katzen. Keine anderen Tiere haben mich so viel gelehrt wie Katzen. Ich weiß, dass ich mich damit in guter Gesellschaft befinde, und ich danke dir, dass du dich mir anschließt, um dich mit diesem Thema näher zu beschäftigen.

Zu dieser Gruppe, in der du nun auch bist, gehören ebenso Persönlichkeiten aus der Geschichte, darunter führende Politiker, die ihr Leben mit Katzen verbracht haben. Zum Beispiel der amerikanische Präsident Abraham Lincoln und der britische Premierminister Winston Churchill. Weitere interessante Schriftstellerinnen, Schriftsteller und Künstler, die Katzen als Gefährten hatten, waren Ernest Hemingway, Pablo Picasso und Georgia O'Keeffe. Auch zeitgenössische Autorinnen wie Alice Walker und Margaret Atwood teilen ihr Leben mit Katzen. Einige von ihnen werde ich in den kommenden Kapiteln zitieren und erwähnen. Sie alle haben die spirituelle Weisheit der Katzen verstanden.

Ich hoffe, dass du dieses Buch in den Händen hältst, weil es in deinem Leben eine Katze gibt, die du liebst. Und wenn das so ist, gehe ich von folgender Annahme aus: Du spürst so wie ich in deiner Seele, dass das Leben nicht allein durch Biologie, Umwelteinflüsse oder Schicksal erklärt werden kann. Es gibt noch etwas anderes in der Welt. Etwas, das letztlich geheimnisvoll und undefinierbar ist. Ein Freund von mir, der in einem Forschungszentrum für Teilchenphysik in Chicago arbeitete, hat es einmal so ausgedrückt: „Wenn man alle Atome aus dem Universum entfernen könnte, würde etwas übrig bleiben." Unser Körper, unsere Umgebung oder sogar die Atome im Universum machen uns nicht vollständig aus. Da ist noch etwas anderes. Vielleicht könnte das sogar ein Name für Gott sein: das Mehr. Das Andere.

Wir wissen, dass Regungen in unserer Seele nicht nur ein inneres Gefühl sind. Vieles von dem, was unsere Seele berührt und unseren Geist nährt, erfahren wir durch unsere Sinne: Das, was unsere Haut berührt, was uns in die Augen blickt, was unseren Gaumen kitzelt, was unsere Nase reizt und was unsere Ohren flutet – all das kommt aus der geschaffenen Welt, die uns umgibt und von der wir nur ein sehr kleiner Teil sind. All das ist wesentlich für unsere Spiritualität. Am unmittelbarsten kommt uns die Welt, die uns umgibt, durch die Lebewesen näher, die in unseren Häusern leben. Wir haben sie aufgenommen, weil es uns gefällt, wie sie aussehen, wie sie mit uns interagieren und wie sie uns inspirieren.

Ich glaube, dass eine Beziehung zu einem Tier zu unserer Entfaltung als Mensch beiträgt. Wir offenbaren und öffnen uns als Menschen in enger Verbindung mit anderen Lebewesen. Sie offenbaren uns unsere tierische Seite. Sie zeigen uns die Welt auf eine Art und Weise, wie es Bücher und sogar andere Menschen nicht können. Manchmal ist es ironischerweise sogar das Tier, das uns unsere Menschlichkeit deutlich macht. Tiere helfen uns, unsere Sinne, Reaktionen und Gefühle so zu entdecken, wie es andere Menschen nicht können. Wenn du schon einmal ein Tier geliebt hast, weißt du, wovon ich spreche.

In der Beziehung zwischen einem Menschen und einem Tier zeigt sich eine ganz eigene spirituelle Dimension des Lebens. Wenn wir mit Katzen zusammenleben, begreifen wir mehr und mehr gewisse Fähigkeiten unserer Seele, was in einer Beziehung von Mensch zu Mensch nicht ganz möglich ist. Um uns herum sind ein anderer Verstand, ein anderes Herz *Eine Beziehung zu einem Tier trägt zu unserer Entfaltung als Mensch bei. Wir offenbaren und öffnen uns als Menschen in enger Verbindung mit anderen Lebewesen.* und ein anderer Geist (ja, Tiere haben einen Geist) im Spiel, und wir entfalten ungeahnte Seiten von uns, wenn wir entdecken, wie und warum wir uns von diesen „Anderen" unterscheiden.

Von meinen Katzen habe ich viel gelernt – was nicht der Grund ist, warum du hier bist, sondern warum ich hier bin. Und weil ich am besten lerne und verstehe, wenn ich schreibe, wollte ich einige dieser Lektionen zu Papier bringen. Und auch, weil sie mein Leben verändert haben.

Wenn wir einen tierischen Gefährten mit der Absicht betrachten, Ähnlichkeiten zwischen uns im Geist und im Herzen zu finden, dann lernen wir uns selbst anders kennen. Aber einen tierischen Gefährten mit dem Blick der Liebe zu betrachten und bereits ein gemeinsames Verständnis erkannt zu haben, führt zu etwas ganz Besonderem. Wenn du diese Erfahrung noch nicht gemacht hast, hoffe ich, dass dir dieses Buch dabei helfen wird.

Ich bin Vater von vier Kindern und liebe sie alle. Meine Jüngste ist extrem klug und extrem unsentimental und brachte mit acht Jahren die Ambivalenz der menschlichen Liebe sehr früh zum Ausdruck. Auf dem Heimweg von der Schule sagte sie zu mir: „Ich würde sagen, dass du der tollste Vater der Welt bist, aber ich hatte ja noch nie einen anderen Vater und deshalb weiß ich nicht, ob es stimmt." Diese Art von Hintergedanken gibt es bei einem geliebten Tier nicht. Solange der Mensch es nicht komplett vermasselt, ist die Zuneigung des Tieres in der Regel vollkommen und bedingungslos – und ich muss gestehen, dass ich diese Eigenschaft sehr mag.

Ich habe bisher mit neun Katzen zusammengelebt. Boots war meine Katze, als ich klein war. Mein Bruder und ich zogen ihr immer unsere Unterhosen an, bis Boots eines Tages weglief. Ich kann es ihr nicht verdenken. Siebzehn Jahre später, 1989, wurden drei Kätzchen vor meiner Haustür ausgesetzt, als ich gerade frisch verheiratet war. Sie füllten das erste Jahrzehnt meines Erwachsenenlebens mit ihrer Gegenwart. Einige Jahre später übernahm ich zwei ausgewachsene Katzen von einem Kollegen, der sie bei einem Umzug nicht mitnehmen konnte. Ich bezeichne sie als meine jüdischen Katzen, weil sie hebräische Namen trugen (dazu später mehr). Mein Freund war Jude und hatte ein Kantorenseminar besucht. Als mein Sohn ein paar Jahre später Schwierigkeiten hatte, mit seiner Wut umzugehen, empfahl ihm ein weiser Kinderarzt einen tierischen Begleiter, und so schafften wir für Joe ein eigenes Kätzchen an. Auf den folgenden Seiten erzähle ich Geschichten über diese Katzen. Vor allem aber erzähle ich von den beiden Katzen, die wir Ende April 2020 bei uns aufnahmen. Bevor sie zu uns kamen, nannte ihre menschliche Pflegemutter sie Martin und Rosa, nach Martin Luther King Jr. und Rosa Parks, weil sie im Februar – dem „Black History Month"[1] – geboren wurden.

Vielleicht denkst du beim Lesen dieses Buches, dass ich manchmal zu viel in das Verhalten der Katzen hineininterpretiere. Zweifellos trifft das zu und stimmt für fast jeden Bereich meines Lebens. Manchmal kommt es dir vielleicht auch so vor, als unterstellte ich meinen Katzen Gefühle, die sie gar nicht haben können. Vielleicht ist das so, aber obwohl Martin und Rosa keine Sprache sprechen, die ich verstehe, kommunizieren wir doch miteinander. Nur zu gern will ich glauben, dass ich ihnen etwas bedeute. Für mich weist vieles darauf hin.

Was ich nicht nur an Katzen, sondern auch an anderen nicht menschlichen Lebewesen wie den Hunden in meinem Haus und den Vögeln in den Wäldern schätze, hat der Philosoph John Gray folgendermaßen ausgedrückt: „Katzen brauchen nicht über ihr Leben nachzudenken, weil sie nicht daran zweifeln, dass das Leben lebenswert ist."

---

1 Der „Black History Month" wird in den Vereinigten Staaten und in Kanada im Februar gefeiert, um der Schwarzen Geschichte zu gedenken. Dabei sollen Leistungen und Errungenschaften von Menschen der afrikanischen Diaspora gewürdigt werden.

Deshalb könnte es stimmen, dass ich mich mit fortschreitendem Alter seltener mit Menschen und öfter mit Katzen umgeben will. Ich möchte von ihnen diesen Sinn für ein lebenswertes Leben lernen. Sie zweifeln nicht. Sie fragen sich nicht, was das alles bedeutet. Sie haben ihre eigenen Geschichten, aber sie wachen nicht mitten in der Nacht auf, um sich Sorgen über die Details zu machen. Meine Katzen sind beständig für mich da und einfach anwesend, ohne viel zu reden – ein bisschen wie große Bäume, aber noch besser, weil sie schnurren können.

Jon M. Sweeney

1.
GIB DICH DER
ENTSPANNUNG HIN

Ich habe Tausende von Gottesdiensten besucht und vielleicht hundert geistliche Einkehrtage. Aber ich glaube nicht, dass ich in all den Jahren jemals eine Predigt, eine Dvar Torah[2] oder einen Dharma-Vortrag[3] zum Thema Entspannung gehört habe. Unsere spirituellen Lehrer helfen uns nur selten, Entspannung in unser Leben zu integrieren, geschweige denn sie als geistliche Übung zu betrachten.

Vielleicht ist einfach die Sprache, mit der Entspannung beschrieben wird, irreführend. In letzter Zeit habe ich Wege zur Entspannung entdeckt, die zu meinem Alltag passen, und ich habe Lehren darüber in verschiedenen religiösen Traditionen und Kontexten gefunden. Es geht dabei um Hingabe. Und Hingabe, so habe ich jetzt erkannt, kann ein Synonym für Entspannung sein, wenn ihre geistliche Bedeutung mit unseren Alltagserfahrungen zusammenwächst. Hingabe be-

---

2 Bei einer Dvar Thora handelt es sich um Gedanken zu dem Wochenabschnitt, der aus der Thora gelesen wird.

3 Ein Vortrag zur buddhistischen Lehre.

deutet, sich auszuliefern, sich einer Erfahrung oder Person widerstandslos zu überlassen, sich zu ergeben. Das kann die Beziehung zu Gott betreffen. Es kann aber auch dem sehr ähnlich sein, was meine Mutter meinte, wenn sie mir sagte, dass ich „mich beruhigen" soll. Ich war damals nicht gut darin, und ich bin auch jetzt oft nicht gut darin. Deshalb bin ich so dankbar für meine neuen Lehrer – ich werde sie dir gleich vorstellen –, und ich freue mich über die Lektion, die ich von meinen beiden Katzen gelernt habe.

Es heißt ja: „Wenn der Schüler bereit ist, erscheint der Lehrer." Und manchmal ist der Lehrer nicht der oder das, was man erwartet. Mir wird immer klarer, wie viel ich aus gewöhnlichen, alltäglichen, nicht religiösen Erfahrungen lernen kann. Mein Freund Ronald Rolheiser erzählte mir einmal etwas aus dem Leben des Einsiedlers und Mystikers Carlo Carretto:

Der hochgeschätzte spirituelle Mentor [Carretto] hatte die meiste Zeit seines Lebens als Einsiedler in der Sahara verbracht, wo er in der Stille betete und die Heilige Schrift in die Sprache der Beduinen übersetzte. Als er bei einem seiner Heimatbesuche in Italien mit seiner Mutter zusammensaß, wurde ihm eines klar: Seine Mutter – eine bodenständige, praktisch veranlagte Frau, die eine große Familie hatte und viele Jahre ihres Lebens so sehr mit den Pflichten der Kindererziehung beschäftigt war, dass sie nie Zeit für sich selbst hatte – war ein kontemplativerer Mensch als er, ihr Einsiedlersohn, der jahrelang in der Einsamkeit versucht hatte, die Ablenkungen der Welt auszublenden.

Es war nicht das Einsiedlerleben in der Sahara, das Carretto letztlich Kontemplation lehrte, sondern er lernte etwas darüber, als er seine Mutter zu Hause beobachtete.

Es gibt viele andere Beispiele für diese Lektion – dass das Gewöhnliche und Alltägliche, sogar das Banale unsere tiefsten Lehrer sein können. Ich habe gute Freunde, die behaupten, eine ihrer wichtigsten spirituellen Praktiken sei es, das Katzenklo zu säubern. Gibt es einen besseren Weg, Demut zu lernen? Carlo Carretto erkannte, dass seine Mutter zu einer sehr kontemplativen Frau geworden war, indem sie eine Kinderschar großzog und die Stille in sich selbst fand. Wie könnte man besser zum bescheidensten Menschen in der Nachbarschaft werden, als mit Freude ein Katzenklo zu reinigen oder kleine Kinder zu bändigen und dabei jeden Tag seines Lebens im Herzen frei zu bleiben?

Kürzlich habe ich ein interessantes neues Buch einer Atheistin gelesen, die darüber berichtet, wie sie durch die Lektüre von Romanen wie *Jane Eyre* und *Der große Gatsby* das Gebet und andere spirituelle Praktiken erlernen konnte. Ich vermute, dass es noch viele weitere Wege gibt, auf denen uns unser ganz gewöhnliches Leben inspirieren kann.

Ich bin ein geistlicher Pilgerreisender und habe viele verschiedene Traditionen und Wege kennengelernt und praktiziert. Verwurzelt in meiner eigenen religiösen Tradition – dem Katholizismus mit klösterlichem Schwerpunkt –, suche ich weiter nach Weisheit, Schönheit und Wahrheit, wo immer ich sie finden kann. Und im vergangenen Jahr habe ich vor allem von meinen Katzen gelernt.

Meine persönlichen spirituellen Lehrer – Martin und Rosa – sind Geschwister. Sie wurden Anfang Februar 2020 geboren. Ihre menschliche Pflegemutter gab ihnen Namen und kümmerte sich von ihrer Geburt an um sie. Als die beiden sieben Wochen alt waren, adoptierten wir sie. Da war es Ende April und sie wogen jeweils ein Kilogramm.

Sie wurden meine Lehrer. Sie verkörpern Lektionen der großen spirituellen Praktiken, die bei mir Resonanz finden. Ich beobachte meine Katzen und lerne von ihnen, so wie jemand einen Mentor beobachten und von ihm lernen kann, indem er einfach mit ihm durchs Leben geht.

In vielen spirituellen Traditionen gibt es eine sehr ähnliche Aussage, die sich nur in den Details unterscheidet. Sie lautet in etwa so: „Was hast du gelernt, als du zu Füßen des Buddha (oder des Zen-Meisters, des Rabbiners, von Jesus Christus …) saßt?" Wir lernen mehr, wenn wir unser Vorbild begleiten, als wenn wir uns Notizen machen, während sie oder er einen Vortrag hält. Ich sitze mit Martin und Rosa zusammen, höre ihnen zu und versuche sogar, sie auf mindestens siebzehn erkennbare Arten zu imitieren. Sie haben mir viel beizubringen, und ich habe viel zu lernen. Wie wir alle von unseren Katzenlehrern.

Wir können die Liebe Gottes nur erfahren, wenn wir uns Gott hingeben.

Die Lehrer des Sufismus erinnern uns daran, dass wir die Liebe Gottes wirklich nur erfahren können, wenn wir uns Gott hingeben. Das bedeutet, dass wir das egoistische Drängen in uns verlangsamen und vielleicht sogar ganz aufgeben müssen. Diese Art der Hingabe ist ein Akt des Willens und des Herzens. Wir geben unser Ego auf, unsere Gedanken und sogar die Verantwortung für unser Leben, damit Gott uns immer mehr ausfüllen kann. Sufis entdecken auf diese Weise die spirituelle Lektion, „zu sterben, bevor man stirbt", und die Segnungen, die sich aus dieser Erfahrung ergeben. Und wenn sie diese Praxis beherrschen, lernen sie auch, sich zu entspannen. Beides geht Hand in Hand.

In meiner eigenen christlichen Tradition haben diese Lehren über Hingabe die Art und Weise beeinflusst, wie ich bete. Ich habe es fast ganz aufgegeben, Gott um etwas zu bitten und ihm zu sagen, was ich brauche oder will. Stattdessen hat das Gebet in meinem Leben eine kontemplative Funktion eingenommen; es ist eine Übung, mich selbst nicht mehr in den Mittelpunkt zu stellen.

Solange unser Ego und unser Wille uns beherrschen dürfen, werden wir geistliches Unbehagen empfinden. Aus diesem Grund sagte der große persische Sufi-Dichter Hafiz einmal zu sich selbst: „Du bist dein eigener Schleier, Hafiz. Geh aus dem Weg." Ähnliche Erkenntnisse finden sich auch in anderen religiösen Traditionen. Der große Abraham Joshua Heschel sagte zum Beispiel: „Die größte Schönheit zeigt sich in der größten Entfernung vom Ego."

Wenn wir entdecken, warum und wie wir uns dem Göttlichen hingeben können, kann Gelassenheit immer mehr alle Angst überwinden. Wenn innere Ruhe eintritt, erkennen wir, dass unsere selbstsüchtigen Begierden (vielleicht nach Nahrung oder Sex, nach dem Kauf unnötiger Dinge, nach leichtsinnigen Handlungen, die letztlich jemandem schaden) nicht nur uns und anderen nicht guttun, sondern dass wir uns wegen ihnen auch ständig anpassen.

Der Sufi-Lehrer, von dem ich gelernt habe, mich hinzugeben – Scheich Ihsan Alexander –, lehrt Meditation durch Entspannung, eine ebenso schöne wie einfache Praxis. Ihsan, der in Südkalifornien lebt, hat diese Methode schon vielen Menschen aus allen Gesellschaftsschichten beigebracht, darunter zum Beispiel Soldaten, die vor und nach extrem belastenden Situationen dringend Wege der Entspannung brauchen.

In der Meditation – ob auf diese oder eine andere Weise – erkennen wir nicht nur, dass unsere Begierden uns nicht helfen. Wir lernen, dass Begierden und fast jede Form von Leidenschaft uns selten einen Weg zu Gott weisen. Sicher, es gibt auch Leidenschaften, die uns auf der Suche nach dem Heiligen zu Gott führen, und gelegentlich sind wir damit erfolgreich. Aber es ist viel besser und zielführender, die Leidenschaften loszulassen, so wie die Blätter im Herbst vom Baum fallen oder als wenn man die fallschirmähnlichen Flugsamen im Spätsommer sanft von einer Pusteblume bläst.

Wenn ich meditiere, um mich so hinzugeben, wie es Sheik Ihsan lehrt, und wenn ich mich auf meinem Weg zu Gott entspanne, erkenne ich, dass das meine Katzen schon lange vor mir erreicht haben. Sie scheinen intuitiv zu wissen, wie man sich völlig hingibt.

Nimm dir einen Moment Zeit, um dich daran zu erinnern, wie deine Katzen aussehen, bevor du sie fütterst. Vielleicht sind sie aufgeregt, hungrig, aggressiv oder in Spiellaune. Nach dem Füttern gähnen sie, strecken sich und liegen herum wie vollgefressene Löwen in der Savanne. Sie sind genau wie Menschen, deren Grundbedürfnisse zuerst befriedigt werden müssen, bevor sie sich hingeben können.

Meine Rosa ist schwarz-weiß gefleckt. Morgens schaut sie mich sehr ernst an, um mir zu sagen, dass sie äußerst hungrig ist. Ihr Hals reckt sich nach oben, als ob sie den Blick noch verlängern möchte, den sie mir in diesen Momenten zuwirft. Es kann sein, dass ich Kaffee koche, Kaffee trinke, lese, bete und hin- und herlaufe, ohne irgendetwas anderes als mich selbst wahrzunehmen, bevor Rosa mir diesen Blick zuwirft. Wenn ich sie dann aber sehe, werde ich sofort daran erinnert, dass es unsere Verantwortung ist, füreinander zu sorgen. Ich bin dafür verantwortlich, Rosa und Martin zu füttern, damit ihr elementarer, gesunder Appetit gestillt wird. Rosas „Blick" erinnert mich daran, dass wir von Gott geschaffen sind und wie wichtig es ist, füreinander da zu sein.

Dann gibt es noch Martin. Er ist nicht weniger ernsthaft bemüht, meine Aufmerksamkeit auf sich zu lenken, wenn er hungrig ist. Er ist sogar derjenige, der mehr tut, als mir nur einen vernichtenden Blick zuzuwerfen. Martin läuft über meine nervös trommelnden Finger und knabbert an meinen Knöcheln, bis ich ihm die nötige Aufmerksamkeit schenke. Man kann ihn einfach nicht ignorieren. Aber das ist gut so, und so sollte es auch sein. Er weiß um sein Bedürfnis nach Futter, Aufmerksamkeit und Liebe.

Wenn Martins Grundbedürfnisse befriedigt sind, liegt er manchmal wie ein Kleinkind in meinem Arm. Sein Körper, seine Augen, seine Pfoten sind ganz ruhig und entspannt.

Wahrscheinlich hast du auch schon diese schönen Momente nach dem Füttern einer Katze erlebt, in denen sie gerne kuschelt oder in deiner Nähe ist. Es fühlt sich an wie ein Segen und ein Gebet: Mögen wir uns alle zumindest manchmal in unserem Leben so vollkommen wohl und entspannt fühlen.

Die christliche Mystikerin Cynthia Bourgeault, Dozentin am Center for Action and Contemplation in New Mexico, greift die Themen der Entspannung und Hingabe in ihrer Arbeit auf. Sie lehrt Folgendes: Wenn wir in der Lage sind, tief in unser Inneres zu gehen, uns zu entspannen und unsere Begierden loszulassen, können wir die Liebe Gottes finden, die dort auf uns wartet. Unser Verlangen, unser Wollen und unsere Bedürfnisse stehen uns an unserer Oberfläche im Weg. Die Liebe befindet sich tief in unserem Inneren. Aber wir können sie erreichen. In ihrem Buch *Eye of the Heart* erklärt Bourgeault: „Sobald man sich ganzheitlich entspannt und zulässt, dass das größere Bild den Horizont ausfüllt, taucht plötzlich die Gnade wieder auf, wie der Vollmond hinter den verdunkelten Wolken."

Wie oft erlauben wir uns, uns wirklich ganz und gar zu entspannen – genau da, wo wir leben, wo wir sind? Wie oft gehen wir durch einen ganzen Tag wie ein Mond, der hinter dunklen Wolken verborgen bleibt? Es ist einsam da draußen. Und ich sehe, wie meine Hauskatzen mich lesen und mir sagen, dass ich mich entspannen soll.

Ich möchte hinzufügen, dass ich meine Augen während der Meditation oft nicht schließe. Ich halte sie offen. Manchmal beobachte ich Martin und Rosa dabei, wie sie sich ganz der Entspannung hingeben, und es hilft mir dabei, es ihnen gleichzutun. So sind meine Katzen in der Tat meine spirituellen Lehrer und könnten es für uns alle sein, sofern wir uns das aneignen möchten, was Katzen bereits so gut zu verstehen scheinen.

Sie geben sich mitten auf dem Boden der totalen Entspannung hin, selbst im belebtesten Flur unseres Hauses. Wenn ich fast über sie stolpere, weil ich mal wieder von einer Sache zur nächsten eile, denke ich: „Weg da!" Bis ich mich erinnere: Sie geben sich hin. Sie erleben eine Art von Entspannung, die ich auch selbst finden möchte. Sie haben sich einer Sache hingegeben, die viel größer ist als sie selbst. Katzen scheinen mit ihrem Leben anzuerkennen, dass sie kleine Geschöpfe sind, und sie erinnern uns immer wieder daran, dass wir eingeladen sind, dasselbe zu tun.

Katzen scheinen mit ihrem Leben anzuerkennen, dass sie kleine Geschöpfe sind. Sie erinnern uns immer wieder daran, dass wir eingeladen sind, dasselbe zu tun.

2.
FINDE DIE LIEBE IN DIR

Ich weiß, dass viele Leute denken, Katzen seien egoistisch. Das habe ich mein ganzes Leben lang gehört, vor allem von Freunden, die meinen, dass die Loyalität zu ihrem Hund durch die Kritik an Katzen irgendwie verstärkt wird. Aber ich glaube nicht, dass man Katzen als Egomanen bezeichnen kann, wenn man jemals mit ihnen gelebt hat ... oder wenn man sie einfach nur aufmerksam beobachtet.

Sogar laut der akademischen Forschung stimmt es nicht, dass Katzen egoistisch sind. In einer Studie aus dem Jahr 2017, die für die Fachzeitschrift *Behavioral Processes* zusammengefasst wurde, zeigten Verhaltensforscher, dass Hauskatzen den Kontakt und die Interaktion mit Menschen tendenziell Futter und Spielzeug vorziehen. Zwei Jahre später kam eine andere Studie in derselben Zeitschrift zu dem Ergebnis, dass „Katzen fakultativ soziale Tiere sind". Das ist Akademikerjargon und bedeutet, dass Katzen sich für Geselligkeit entscheiden, wenn sie die Wahl haben. Die Forscher fanden außerdem heraus, dass Katzen Zuneigung fast proportional zu der Zuwendung zeigen, die sie von ihren Menschen erhalten. Das klingt für mich sehr nach menschlichen Beziehungs- und Verhaltensmustern.

Dem ersten Mythos folgt ein weiterer, der ebenfalls ausgeräumt werden muss: Selbst wenn wir anerkennen, dass Katzen gern in unserer Nähe sind, gehen wir immer noch davon aus, dass sie das aus eigennützigen Motiven tun. „Sie will nur gefüttert werden", sagen wir, oder: „Er will nur Aufmerksamkeit."

Auch die zeitgenössische Literatur bietet Beispiele für diese Annahme. Nehmen wir die Fantasy-Autorin Ursula Le Guin, die in ihrer späten Karriere einen Roman aus der Sicht einer Katze namens Pard schrieb. Es ist ein lustiges Buch, in dem Le Guin Pard an einer Stelle über seinen Menschen sagen lässt: „Was ich gerne an ihr benutze, ist der Platz hinter ihren Knien auf dem Bett und die Oberseite ihres Kopfes, dessen Fell mich ein wenig an meine Mutter erinnert. Deshalb springe ich manchmal zu ihr auf das Kissen und knete ihren Kopf. Das funktioniert am besten, wenn sie schläft." Der Witz besteht darin, dass die Katze sagt: „Was ich gerne an ihr benutze …", als ob das alles sei, was die Beziehung ausmacht. Ist die Beziehung unserer Katzen zu uns wirklich nur egoistisch und eigennützig? Nein, das stimmt nicht.

Die meisten Hauskatzen, die in liebevoller Obhut aufwuchsen, sind auf die eine oder andere Weise anhänglich. Eine plausible Theorie über das Schnurren besagt, dass es auf die Erinnerung an den Herzschlag der Mutter zurückgeht, und wenn eine Katze dieses Geräusch für dich macht, ist das ein Zeichen von Dankbarkeit und Liebe. Das Schnurren ist bei neugeborenen Kätzchen zum ersten Mal im Alter von etwa einer Woche zu hören und scheint ein Ausdruck dafür zu sein, dass „alles in Ordnung" ist, oder genauer gesagt, dass die Milch gut ankommt.

Wenn sich eine Katze unnahbar zeigt, ist das vermutlich in ihrer Persönlichkeit, in einem Trauma oder einfach in dem Überlebenskampf einer verwilderten Katze begründet und kein Zeichen für Egoismus. Was die Persönlichkeit angeht, so gibt es so viele Katzenpersönlichkeiten, wie es Katzen gibt. Es gibt introvertierte und extrovertierte Katzen (eines Tages werde ich vielleicht auch für sie Enneagramm-Typen ausarbeiten). Genauso wenig, wie wir einen introvertierten Menschen, der mehr Zeit für sich selbst braucht, als egoistisch bezeichnen würden, sollten wir auch eine introvertierte Katze nicht für egoistisch halten. Manche Katzen haben einfach die Veranlagung, gern allein zu sein.

Rosa ist zum Beispiel so eine zurückhaltende Katze. Allerdings sind alle Katzen in gewisser Hinsicht introvertiert. Wir wissen, dass sie es nicht mögen, wenn man sie zu lange direkt anschaut. Anstarren ist für eine Katze das, was man mit Beute macht. Aus diesem Grund freunden sich katzenerfahrene Menschen mit einer unbekannten Katze an, indem sie ihre Aufmerksamkeit unauffällig auf sich ziehen. Wenn ich einen Freund mit einer Katze besuche und sie zum ersten Mal in den Raum kommt, meist an einer Wand entlangstreicht oder sich an einem Möbelstück reibt, weil introvertierte Katzen das eben so machen, schaue ich sie nicht direkt an. Ich wende meinen Blick leicht ab, und wenn ich auf einem Stuhl sitze, lasse ich eine Hand herunterhängen, in der Hoffnung und Erwartung, dass die Katze vorbeikommt, um Hallo zu sagen.

Wenn die Einladung offen und ohne Druck geschieht, wird sie oft angenommen.

Aber es gibt auch unerschrockene Katzen, die einen eher extrovertierten Lebensstil pflegen. Martin ist definitiv so eine. Wenn Fremde im Haus sind, verschwindet Rosa, während Martin sofort herbeikommt und direkt auf die Besucher zugeht. Das ist sein Haus, und er begrüßt, wen immer er will.

Meiner Erfahrung nach müssen jedoch auch Katzen lernen, ihren eigenen Körper als Ausdrucksform der Liebe kennenzulernen. Wo sie sich auf der Skala zwischen extrovertiert und introvertiert befinden, hat damit wenig zu tun; hier geht es darum, dass unreife Katzen zu reifen Katzen werden – genauso wie auch Menschen diese Dinge lernen müssen.

Jeder hat schon einmal eine Katze gesehen, die sich putzt. Das ist vielleicht das universellste Katzenwissen, das wir Menschen besitzen: Katzen sind sehr saubere Tiere. Das Putzen dient mehreren Zwecken. Unter anderem hilft es gesunden Katzen dabei, ihre Gefühle zu verarbeiten, während sie lernen, sich in ihrem Körper wohlzufühlen.

In der Geschichte gab es immer wieder Menschen, die das nicht verstehen konnten. Im mittelalterlichen Europa zum Beispiel wurde das Putzen der Katzen nicht positiv gesehen. Dass Katzen sich selbst ablecken, einschließlich ihres Intimbereichs, fanden die Menschen im Mittelalter so abstoßend, dass sie es als Analogie benutzten, um ihren Ärger über religiöse Leiter auszudrücken. Wenn sich beispielsweise herausstellte, dass ihr Bischof eine sexuelle Sünde oder Perversion begangen hatte, zeichneten sie an den Rand von Manuskripten Karikaturen von Menschen, die versuchten, sich selbst zu lecken.

Heute haben wir eine viel positivere Sicht auf die Selbstpflege von Katzen und auf den Wert von Körperhygiene generell. (Unsere Analogien haben sich geändert, aber unsere Sicht auf Sünde und Verbrechen in der Kirche und bei Geistlichen nicht, und das sollte sie auch nicht.)

Wenn man Katzen beim Putzen beobachtet, wird man Zeuge eines zutiefst meditativen Vorgangs: Sie putzen sich achtsam, methodisch, hingebungsvoll – in stressigen Momenten ebenso wie bei der täglichen Körperpflege.

Wir Menschen können von diesem Beispiel lernen. Wenn wir alle öfter innehalten und uns regelmäßig und achtsam um uns selbst kümmern würden, könnte die ganze Welt von einem Schnurren der Liebe widerhallen. Sich selbst zu lieben kann eine der schwierigsten Übungen sein. Der große vietnamesische buddhistische Mönch Thich Nhat Hanh lehrte, dass die Liebe eine

Wenn wir alle öfter innehalten und uns regelmäßig und achtsam um uns selbst kümmern würden, könnte die ganze Welt von einem Schnurren der Liebe widerhallen.

Energie ist, die die Welt verändert. Und man selbst ist der beste Ort, um damit zu beginnen. Wir können es vielleicht sogar an unseren Katzen sehen – wenn wir sie beim Putzen beobachten oder sie schnurren hören, werden wir irgendwie innerlich weicher und verspüren ein kleines „Schnurr-Bedürfnis" in uns selbst. Wie Thay (wie seine Schüler Thich Nhat Hanh nannten) zu sagen pflegte, muss die Liebe in uns selbst beginnen. In seinem 2009 erschienenen Buch *Answers from the Heart* erklärt er:

„Die Lehre des Buddha zielt darauf ab, uns dabei zu helfen, in uns die Energie der Liebe und des Verständnisses hervorzubringen. Wenn wir das praktizieren können, wird diese Energie uns zunächst helfen, unser Bedürfnis, geliebt zu werden, zu befriedigen. Und dann können wir mit dieser Fähigkeit der Liebe und des Verständnisses die Menschen umschließen, die jetzt um uns sind. Wir können sie glücklich machen, während wir selbst glücklich sind.“

Thay lehrte, dass wir alle über diese Energie verfügen. Allerdings hindern uns verschiedene Dinge daran, sie abzurufen und zum Ausdruck zu bringen. Die Erinnerung an den Schmerz früherer Beziehungen ist wahrscheinlich unser Haupthindernis. Wie Thay sagen würde, kann man diese negativen Erfahrungen und Gefühle nicht wegschieben. Sie verschwinden nicht einfach. Man muss sie annehmen und sie als real akzeptieren, damit sich die Wunde schließen und man um sie herumwachsen und zu dem Ort der Liebe in sich zurückkehren kann.

Manche Menschen tun diese Arbeit in stiller Meditation. Für mich funktioniert es besser, das Grollen und Fauchen in mir herauszulassen und laut auszusprechen. Ich sage mir selbst: „Ich bin verletzt. Das hat mir wehgetan. Es hat mich wütend gemacht“, aber dann auch: „Ich bin mehr als dieser Schmerz und diese Verletzung. Ich will wieder heil werden. Ich möchte neu anfangen.“ Wenn ich mir solche Dinge sage, manchmal mehrfach und manchmal laut, dann ist das wie ein Schnurren zu einem anderen Zweck. Ich gestatte dem Geräusch des Schmerzes, sich von innen nach außen zu bewegen. Diese Praxis ist mit der Hoffnung verbunden, dass die schlechten Gefühle durch liebevolle Gefühle ersetzt werden können, wenn die Liebe die entstandenen Hohlräume füllt. Und es funktioniert.

Vielleicht gehen Katzen nicht durch einen so bewussten Prozess, aber ich weiß auch, dass sie nicht ständig schnurren. Wenn jemand ununterbrochen im übertragenen Sinn „schnurren" würde, wüssten wir, dass es wahrscheinlich nicht authentisch ist. Oder es wäre vorgetäuscht. Wir alle sind schon Menschen begegnet, die immer lächeln und Dinge sagen wie „Ich liebe alle Menschen" oder die vorgeben, immer geistliche Übungen zu machen, was den Verdacht aufkommen lässt, dass sie vielleicht echte Liebe und echte Übung gar nicht mehr kennen. Wie bei unseren Katzen entsteht wahres Schnurren ganz natürlich und mühelos in unserem Inneren, wenn dort Liebe ist, die widerhallen kann. Unsere Seele ist der Ort der Liebe, der Ort, wo Gott wohnt.

Pierre Teilhard de Chardin, ein jesuitischer Mystiker und Paläontologe des letzten Jahrhunderts, betrachtete die Welt sowohl durch die Linse ihrer Grundbestandteile – da er Fossilien studierte – als auch durch die Linse ihres grundsätzlichen mystischen Einsseins. In seinem Buch *Human Energy* schrieb er: „Die Liebe ist die universellste, gewaltigste und geheimnisvollste aller kosmischen Kräfte." Es ist diese Liebe, die das Universum ins Leben gerufen hat, und es ist dieselbe Liebe, die es auch weiterhin zusammenhält, im Großen und im Kleinen.

Nein, Katzen halten nicht das Universum zusammen – aber ihr Schnurren ist wie das Rauschen der Ozeane oder das Summen der Erde, das mit dem menschlichen Ohr nicht richtig zu hören ist. Ihre Laute vereinen sich mit urzeitlichen, natürlichen und heiligen Klängen. Wie der meditierende Mensch, der „Om" rezitiert, das heilige Wort in den indischen Religionen, das „die ultimative Realität selbst" und auch „die Seele" bedeutet. Ein wunderschönes Gedicht von Mary Oliver mit dem Titel „On the Beach" endet damit, dass die Dichterin sieht, wie sich die Sonne in der Morgendämmerung über kleine Steine am Wasser ergießt, und darüber nachdenkt, wie dieselbe Sonne auch „ihr Licht auf mich wirft, / meinen eigenen Körper, der liebt", und sie daran erinnert, dass unsere menschliche Liebe eine Teilhabe an einer viel größeren Liebe ist, von der wir wiederum ein kleiner, aber wesentlicher Teil sind. Es sind keine Klangbilder, aber sie sind auch nicht stumm. Wie Schnurren.

Martin und Rosa umarmen sich manchmal auf eine Art und Weise, die plötzlich in ein Ringen übergeht, das dann zu einem Kampf wird. Manchmal höre ich, wie eine der beiden schreit, als ob sie Schmerzen hätte. Schnurren ist kein Dauerzustand. Aber es ist gut, wenn wir wissen, wie man schnurrt, und wenn wir die Wege kennen, um schnell und oft dazu zurückzukehren. Das kann alles verändern.

Die Liebe ist das grundlegendste Element des Lebens. Vor allem anderen gab es die Liebe, und diese Liebe lebt auch in uns. Wenn wir sie ausfindig machen, erkennen und in unserem Körper besser zum Ausdruck bringen könnten, wäre das meiner Meinung nach der Anfang davon, sie auch zu leben.

Geistliche Übung

Probiere einmal zu schnurren. Ja, ich meine das ernst. Schnurre! Such dir einen ruhigen Ort, an dem du allein bist, in dich hineinspüren und einfach schnurren kannst. Niemand muss sehen, wie du das machst (obwohl ich annehme, dass deine Katzen nichts dagegen hätten. Ich spiele übrigens Martin manchmal einen kurzen Audioclip von seinem eigenen Schnurren vor, es scheint ihm zu gefallen).

Versuche es einfach! Hör auf das Geräusch, das du machst, und versuche es als den Klang dessen wahrzunehmen, was in dir heilig ist. Du wirst überrascht sein, wie dieser Klang in deinem Körper widerhallt – vielleicht hast du eine neue Art des Betens entdeckt, die dir deine Verbundenheit mit dem Göttlichen bewusst macht.

3.
SEI DIR DER LIEBE
UM DICH HERUM BEWUSST

Unsere Katzen erwarten von uns, dass wir sie wie eine Mutter lieben, und warum auch nicht? Ich streichle Rosa manchmal auf eine Art und Weise, die bewusst dem ähnelt, wie eine Katzenmutter ihre Kätzchen putzt. Ich ziehe mit den Fingern sanft an ihren Ohren, so wie ich es bei Katzenmüttern gesehen habe, die mit ihrer Zunge sanft die Ohren der Kätzchen langziehen. Dann füge ich unverwechselbare menschliche Berührungen hinzu: Ich kraule den Bauch und vor allem streiche ich sanft mit der ganzen Handfläche über Rosas Augen, Stirn, Schnurrhaare und Ohren. Sie liebt das. Sie neigt dann ihren Kopf und schnurrt. Ich halte sie nur ein paar Sekunden lang auf diese Weise fest. (Wenn es länger dauert, wird sie unruhig und fühlt sich sichtlich unwohl.)

Mit der Zeit habe ich durch Beobachtung gelernt, was Rosa mag und was nicht. Und ich stelle mir vor, dass ihre Mutter sie auf ähnliche Weise berührt hat, sonst würde Rosa das jetzt wohl nicht so sehr genießen.

Als ich ein kleiner Junge war und wir als Familie im Wohnzimmer saßen und fernsahen, legte ich oft den Kopf auf den Schoß meiner Mutter. Dann streichelte sie mein Haar, manchmal zwanzig Minuten oder länger. Ich glaube, sie fing damit an, als ich einmal Trost brauchte. Später wurde es zu einer lieben Gewohnheit. Es war eine heilsame, wohltuende Berührung. Nichts gab mir stärker das Gefühl, geliebt zu sein, als wenn meine Mutter mein Haar streichelte. Und Rosa zeigte noch lange nach ihrer Kätzchenzeit, dass sie die tröstende und heilsame Berührung einer Mutter braucht. Vielleicht geht es uns allen so.

Im frühen 12. Jahrhundert benutzte der christliche Mystiker Bernhard von Clairvaux das Wort „Mutter", als er sich auf die heilsame Gegenwart von Jesus und auf die biblische Figur Mose bezog. Er verwendete den Begriff ebenfalls, um die Fürsorge und Verantwortung der Äbte zu beschreiben, die von den jüngeren Mönchen gewöhnlich „Vater" genannt wurden. Bernhard bezeichnete auch sich selbst häufig als „Mutter". In einem Brief an einen abtrünnigen Mönch, der das Kloster verlassen hatte, schrieb Bernhard: „Ich habe dich mit Milch genährt, als du noch ein Kind warst und sie alles war, was du aufnehmen konntest. (…) Aber oh, wie schnell wurdest du entwöhnt. (…) Du wurdest von meiner Brust gerissen, aus meinem Schoß geschnitten. Mein Herz kann dich nicht vergessen. Die Hälfte meines Herzens ist mit dir gegangen." Diese Worte haben ihre Intensität und ihre aufrüttelnde Wirkung bis heute nicht verloren, in einer Zeit, in der wir im Verständnis der Geschlechter so viel weiter sind.

Der heilige Bernhard verehrte auch stark die Jungfrau Maria, und wie viele seiner Zeitgenossen verstand er sie als eine göttliche Mutter, die sich aus dem Jenseits aktiv um ihn kümmerte. Bernhard soll sogar eine Vision gehabt haben, in der er erlebte, wie die Jungfrau Maria ihre Muttermilch auspresste, damit er davon trinken konnte. Viele Maler haben dieses Bild, in dem Maria buchstäblich Milch in Bernhards Mund spritzt, künstlerisch umgesetzt. Wenn du also das nächste Mal in einem Museum eines dieser Bilder siehst, weißt du jetzt über die Hintergründe Bescheid! Warum die ganze mütterliche Aufmerksamkeit? Wir haben kindliche Bedürfnisse, auch noch lange nach der Kätzchenzeit.

Viele christliche Mystiker betrachten die menschliche Seele ebenfalls als weiblich, was den Gedanken greifbarer macht, dass jede Seele eine Braut für den großen Bräutigam – Gott – wird. Heutzutage hat sich das Verständnis von Geschlechtern erweitert, und in diesem Zusammenhang sagte einer der großen Experten für mittelalterliche Mystik, Bernard McGinn, in einem Interview:

> *„Ich spreche gern über die Formbarkeit der Geschlechter. Im Verständnis der Mystiker ist das Geschlecht nicht so festgelegt wie in der Gesellschaft im Allgemeinen. In der mystischen Tradition ist das Geschlecht fließend, und Männer können sich als Frauen und Frauen als Männer identifizieren. Hadewijch von Antwerpen, die große flämische Mystikerin aus dem dreizehnten Jahrhundert, spricht von sich selbst als einem ,fahrenden Ritter auf der Suche nach Gott', eine männliche Kategorisierung. "*

Vor 800 Jahren lehrte der heilige Franz von Assisi, dass die Mutterschaft etwas ist, das alle Menschen, gleich welchen

Geschlechts, verkörpern sollten – und er meinte das wörtlich. Franziskus hat nicht viel geschrieben, aber ein kurzes Dokument, das er verfasste, war eine Anweisung an alle seine Brüder, „wie eine Mutter" zueinander zu sein. Franziskus bot seinen geistlichen Brüdern Orientierung, die zunehmend in zeitlich begrenzten, kleineren Gemeinschaften von nicht mehr als vier Personen leben wollten. Das war für Franziskus in Ordnung, aber die Brüder sollten sich abwechselnd umeinander kümmern. Zwei von ihnen sollten eine Zeit lang wie Kinder sein und zwei anderen Brüdern erlauben, sie wie Mütter zu umsorgen. Und dann sollten sie die Rollen tauschen, wobei die „Kinder" zu „Müttern" wurden und die „Mütter" sich um die „Kinder" kümmerten.

Nicht jede Mutter ist liebevoll, und viele Väter haben fürsorgliche Eigenschaften. Aber die Weisheit von Franziskus und die Weisheit der Katzen erinnern uns daran, genau auf die Bedürfnisse der Menschen um uns herum zu achten und uns zu fragen: Wie zeigen wir Liebe und Fürsorge füreinander an dem Ort, an dem wir leben?

Beobachte zunächst die Lehrer, mit denen du zusammenlebst, und schau ihnen genau zu. Ich habe gelernt, dass Rosa es liebt, von mir gesehen zu werden. Sie lässt sich direkt vor mir nieder – und macht oft ein Nickerchen –, egal, ob ich an meinem Schreibtisch arbeite, das Abendessen zubereite oder abends im Wohnzimmer ein Buch lese. Ich kann das verstehen. Wir alle wollen von den Menschen, die wir lieben und von denen wir geliebt werden, in den Blick genommen werden. Es macht mich traurig, wenn ich zu einem Familienessen komme und die anderen am Tisch mich nicht ansehen, weil sie gedanklich schon mit dem beschäftigt sind, was sie nach dem Essen tun werden.

Wenn wir einander wahrnehmen und achtsam sind, antworten wir oft darauf mit Berührungen. Sowohl Rosa als auch Martin entscheiden sich oft dafür, in dem Raum zu sein, in dem auch ich bin. Wenn ich meinen Morgenkaffee wie so oft in meinem Büro trinke, springt Martin auf den Schreibtisch und macht sich auf den Weg zum Fenster, in der Hoffnung, dass ich es für ihn öffne. Wenn es nicht kalt ist, mache ich das. Dort sitzt er dann etwa eine Stunde lang oder bis er hört, dass sich oben etwas rührt, weil die anderen Hausbewohner aufwachen. Er weiß, dass meine Tochter ihm bald Futter gibt, und geht zur nächsten Person, die sich um ihn kümmert. Er mag seine geregelten Abläufe.

Wie du schon weißt, ist Rosa eher ein introvertierter Typ. Sie kommt öfter mittags ins Büro, während ich arbeite, nähert sich mir leise, schaut mir in die Augen und benutzt ihre Stimme, um ihren Wunsch auszudrücken. Sie möchte meist, dass ich auf meinem Schoß Platz mache, damit sie hochspringen kann. Dann möchte sie eine Weile gestreichelt werden, und während ich das tue, schaut sie mich an, um sicher zu sein, dass ich sie auch wahrnehme. Es geht nicht, dass ich Rosa nur halbherzig streichle und weiter auf meinen Computertasten herumtippe. Sie verlangt meine volle Aufmerksamkeit. Nach ein paar Minuten soll ich sie dann loslassen, damit sie sich in der Nähe niederlassen kann. Ich kann sie dann zwar noch sehen, aber nicht mehr streicheln. Gelegentlich verkriecht sie sich in den Karton mit dem Altpapier zu meinen Füßen unter dem Schreibtisch, wo sie sich eine Art Nest baut und bald einschläft. Ich kann sie von meinem Platz aus auch dort sehen.

Im Sanskrit gibt es ein im Hinduismus gebräuchliches Wort, *darshan*, das einfach „sehen" bedeutet, aber religiöse Konnotationen hat. Im Hinduismus werden gern Bilder verwendet, um den Menschen die Wahrnehmung des Göttlichen zu erleichtern. Das Göttliche will gesehen werden, und die Menschen wollen natürlich das Göttliche sehen. Die Macht des Sehens ist für mich faszinierend, vor allem im Zusammenhang mit dem, was uns die Katzen lehren – denn es gibt ein Sehen und ein Angeschautwerden. Angeschaut zu werden ist der Wunsch Gottes, so steht es in vielen Schriften vieler religiöser Traditionen, einschließlich der hebräischen Psalmen und der religiösen Lyrik der dravidischen freien Verse aus Südindien. „In deiner Nähe finde ich ungetrübte Freude", singt der Psalmist in Psalm 16,11 zu Gott. Und wie Diana Eck es in ihrem kurzen, wichtigen Buch über *Darshan* ausdrückt: „Der zentrale Akt der hinduistischen Verehrung besteht aus Laiensicht darin, in der Gegenwart der Gottheit zu stehen und das Abbild mit den eigenen Augen zu betrachten, die Gottheit zu sehen und von ihr gesehen zu werden." Sehen und Sinnlichkeit verbinden sich mit Glauben und Hingabe.

Wir können wissen, dass wir geliebt werden, indem wir einfach sehen und gesehen werden.

Wir können wissen, dass wir geliebt werden, indem wir einfach sehen und gesehen werden.

An den Tagen, an denen ich nicht im Büro bin und oben im Wohnzimmer beim Morgenkaffee sitze, sind die Katzen auch fast immer bei mir. Sie sind da, wo ich bin. Oder wo immer ihre Menschen zu finden sind. Das ist eine schöne Eigenschaft von Katzen. Ich kann nicht sagen, dass ich sie immer teile. Manchmal bin ich absichtlich nicht in dem Raum, wo die anderen Familienmitglieder sind, und bin lieber dort, wo unsoziale Menschen manchmal hingehen. Aber die Katzen erinnern mich daran, dass es auch andere Wege gibt, Liebe zu zeigen und zu leben.

Einige Experten sagen, dass Katzen es genießen, gestreichelt zu werden, weil sie sich in diesen Momenten uns gegenüber wie Kätzchen fühlen, und dass unser Streicheln ein Ersatz für das Lecken durch die Katzenmutter ist. Aber diese Interpretation scheint die Intimität, die zwischen uns stattfindet, zu schmälern – und sie erklärt auch nicht, warum erwachsene Katzen sich regelmäßig gegenseitig lecken. Wenn Martin und Rosa sich gegenseitig putzen, dann tun sie das nicht nur aus Hygienegründen.

Menschen und Katzen sind Beziehungstiere. Jeder, der ein Haus mit einem beliebigen Exemplar einer der beiden Spezies teilt, weiß, dass dies wahr ist. Wir sehen einander aus komplexen und wichtigen Gründen an und berühren einander. Und wenn es dir schwerfällt, dies in Bezug auf Katzen zu glauben, solltest du diesen ungewöhnlichen Beweis in Betracht ziehen: Die Gewohnheit der meisten Hauskatzen, ihren Kot zu vergraben, ist eine Geste, über die Experten sagen, dass sie aus Rücksicht auf die geschieht, die mit ihnen zusammenleben. Denn verwilderte Katzen in konkurrierenden „Gemeinschaften" im Freien tun oft genau das Gegenteil: Sie hinterlassen ihren Kot an einer auffälligen Stelle für alle sicht- und riechbar. Das erklärt wohl auch, warum manche Katzen sogar lernen, menschliche Toiletten zu benutzen, indem sie sich auf die Brille hocken, um ihr Geschäft zu verrichten; sie scheinen zu verstehen, was wir auf der Toilette tun. Was ich damit sagen will: Oft signalisieren Katzen genau wie Menschen ihre Bereitschaft, ihren Teil zu einer intimen und gegenseitig respektvollen Beziehung mit uns beizutragen.

Meister Eckhart, der dominikanische Mystiker und Prediger aus dem 12. Jahrhundert, pflegte vom Sehen und Gesehenwerden durch Gott zu sprechen. Oft ist es ein und dasselbe, und beides ist, wie Eckhart sagte, eng mit dem Erkennen von Gott und dem Erkanntwerden durch Gott verbunden. Das liegt daran, dass unsere Seelen in und für Gemeinschaft mit Gott geschaffen sind. Es gibt eine natürliche/übernatürliche Anziehungskraft zwischen uns Menschen und zwischen uns und Gott. Können wir das erkennen? Es spielt nicht immer eine Rolle, ob wir es verstehen können oder nicht. Wir werden trotzdem gesehen.

Geistliche Übung

Nimm dir etwas Zeit, um dir vorzustellen, was Gott sieht, wenn er dich sieht. Ist die Person, die Gott sieht, dieselbe, die andere wahrnehmen? Meister Eckhart sagte: „Das Auge, durch das ich Gott sehe, ist das gleiche Auge, durch das Gott mich sieht." Meditiere über diesen Gedanken. Oder meditiere über das bekannte (und ähnliche) Zen-Koan: „Zeige mir dein ursprüngliches Gesicht, bevor du geboren wurdest."

4.
SPIELE VOLLER FREUDE

Martin und Rosa spielen oft in meiner Gegenwart. Sie tragen morgens ein Spielzeug (ein Stück Schnur oder ein Papierkügelchen genügen meist völlig) ins Büro und tollen damit herum. Oder sie jagen sich gegenseitig um den Esszimmertisch, wenn wir als Familie dort sitzen: *Das ist jetzt der beste Platz im Haus, um unser Spiel zu spielen!*

In einigen religiösen Traditionen gilt das Spiel als göttliche Eigenschaft. In den christlichen Gemeinschaften wird dies selten so gesehen; sie sind eher dafür bekannt, dass Heilige und Weisheitslehrer Ernsthaftigkeit und Zielstrebigkeit über alles andere stellen. Selbst der heilige Franz von Assisi, mein Lieblingsheiliger, soll seine Ordensbrüder vor dem Lachen gewarnt haben. Dennoch galten Franziskus und viele der frühen Franziskaner zeitweise als „heilige Narren", was bedeutet, dass sie sich nicht um ihr Image und ihre Außenwahrnehmung kümmerten. An diese Definition denke ich oft, wenn die Katzen um den Tisch rennen und sich um nichts anderes scheren als um ihr Spiel. In einer Zeit, in der öffentliche musikalische Darbietungen als frivol oder aufrührerisch galten, unterhielt Franziskus die Menschen viel häufiger mit Instrumenten und Tanz, als dass er über geistliche Dinge sprach. Seine Vorbilder waren die populären französischen Troubadoure jener Zeit, die durch ihre Extravaganz und ihr Vagabundentum als Außenseiter galten und von der Gesellschaft und der Kirche oft als „Narren" bezeichnet wurden.

Der heilige Franziskus lehrte seine Anhänger, lieber Narren zu sein, als sich mit weltlichen Dingen zufriedenzugeben. Zum Beispiel wurde einmal Bruder Juniper, einer der besten Freunde von Franziskus, als verehrter Gast in eine nahegelegene Stadt eingeladen. Die Leute hatten Geschichten über Junipers Heiligkeit gehört und wollten selbst erfahren, was er zu sagen hatte. Juniper sagte widerwillig zu. Doch als er auf der Straße eine Menschenmenge sah, die gespannt auf seine Ankunft wartete, hielt er an, um mit einigen Kindern zu spielen. Juniper wollte die Kinder nicht verlassen, egal wie dringend und dann auch zornig die Bitten der Erwachsenen wurden. Er spielte so lange mit den Kindern, bis die übereifrigen Leute, die ihn verehrten, endlich weggingen.

Franziskus' Aufforderung zum Nicht-Lachen bedeutete also nicht wirklich, dass man immer ernst sein sollte; es ging eher darum, sich nicht über jemanden oder etwas lustig zu machen. Er meinte damit, dass wir unser Leben prüfen und wichtige Dinge nicht weglachen sollen. Das, was aus der Freude und dem Tanzen erwuchs – beides ernsthafte Bestandteile des Glücks von Franziskus –, war eher ein Lachen, das einen anderen Namen trug.

Die meisten kennen Franziskus' Respekt vor der wilden Natur der Tiere, weshalb er seine Ordensbrüder aufforderte, keine Haustiere zu halten. Daher gab es in den frühen Klöstern keine Katzen. Vielleicht hast du auch schon gehört, dass Franziskus der Heilige war, der den Vögeln predigte. So schreibt Richard Surman in seinem Buch *Cloister Cats*:

„Die Anhänger des heiligen Franziskus und der heiligen Klara haben eine besondere Zuneigung zu Tieren, obwohl schon verschiedene Menschen dazu meinten – ziemlich unfair, wie ich finde –, dass Franziskus, wenn ihm wirklich an Vögeln gelegen hätte, vielleicht besser zu Katzen gepredigt hätte!"

Vielleicht ist die Antwort auf die Frage, wie sich diese Dinge miteinander vereinbaren lassen, gar nicht so schwierig, wenn man bedenkt, dass wohlgenährte Freigänger-Hauskatzen allein in den Vereinigten Staaten jedes Jahr für den Tod von mehr als 2 Milliarden Singvögel verantwortlich sind.

Mein größeres Vorbild für die Göttlichkeit des Spielens ist aber eigentlich Krishna. Im Sanskrit lautet das Wort für Spiel „lila", und sein Ursprung liegt in der göttlichen Spontaneität, die die Schöpfung selbst hervorbrachte. Die Idee ist, dass „lila", das Spiel, als kosmischer Sport begann. Das Motiv für die gesamte Schöpfung ist die Art von Freude, die wir oft nur mit spielenden Kindern in Verbindung bringen. Es gibt Hunderte von Geschichten über Krishna, eine Persona des inkarnierten Gottes, die vor allem im zehnten Buch des indischen Epos *Bhagavata Purana* erzählt werden, als Trickser, Liebhaber, Kind, Freund und Spielkamerad. (Es heißt, dass die Menschen, wenn sie von Krishnas Streichen hörten oder ihn auch nur in der Nähe sahen, alles stehen und liegen ließen, um in seiner Nähe zu sein. Oft wurden sie durch die Schönheit von Krishnas göttlichem Spiel auch von egozentrischen Beschäftigungen weggelockt, die nur zu Leiden führen. Diejenigen in dieser religiösen Tradition, die heute Bhakti-Yoga, das Yoga der „Hingabe an Gott", praktizieren, hören, lesen, meditieren oder singen diese Geschichten von Krishna.)

Ähnliche Geschichten sind auch aus dem Leben von Jesus bekannt, wenn man sich den apokryphen Evangelien zuwendet, wie zum Beispiel dem *Kindheitsevangelium des Thomas*, das die Christen seit dem 2. Jahrhundert kennen. Darin lesen wir, wie der fünfjährige Jesus mit Lehm spielt und ein Dutzend Spatzen formt. Als er von seinem Vater Josef getadelt wird, weil er dies am Sabbat macht (an dem keine Arbeit verrichtet werden darf), wirft Jesus die Spatzen in die Luft, und sie fliegen davon.

Wenn ich mir die Katzen ansehe, frage ich mich, warum wir noch nicht von ihnen gelernt haben, was es heißt, wirklich zu spielen. Wie oft haben wir die Gelegenheit, miteinander zu spielen, aber wir nutzen die Chance nicht? Katzen zögern niemals, gemeinsam zu jagen, zu rennen und zu spielen. Warum fällt es uns Menschen so schwer, auf diese Einladung zu reagieren? Und warum ist es für uns oft einfacher, mit unseren Tieren zu spielen, als mit den Menschen, die wir lieben?

Ich liebe es, Rosa zu lieben. Zum Teil, da ich weiß, dass meine Zuneigung und Aufforderung zum Spiel immer willkommen sind. Bei den Menschen in meinem Leben ist es nicht immer so einfach, ihnen das zu geben, was ich als Liebe empfinde, und dann noch auf eine Art und Weise, die sie mit

Sicherheit wollen und annehmen. Warum ist das so? Zum einen, weil Rosa mir ihre Gefühle genau zeigt. Sie springt mir einfach in die Arme, und wenn sie das tut, weiß ich, wie ich sie halten muss und wie ich sie sanft hinter den Ohren kraulen soll. Es gefällt ihr immer. Im Gegensatz dazu scheinen die Menschen in meinem Leben … komplizierter zu sein; natürlich sind sie das. Aber trotzdem weiß ich, dass es Möglichkeiten gibt, wie wir besser lieben und spielen können, als wir es derzeit tun. Daran arbeite ich. Wenn ich mit meinen Katzen zusammen bin, kommt mir manchmal ein Segen in den Sinn: *Mögest du dich heute in den Armen von jemandem willkommen fühlen. Mögest du heute von jemandem gestreichelt werden, der dich liebt.*

Während ich dies schrieb, rief mich meine Frau, ich solle mir schnell etwas ansehen. Im Wohnzimmer befindet sich ein Teppich, auf dem Martin den ganzen Tag herumtollt und der sich auf dem Holzboden leicht verschiebt. Vielleicht fünf oder sechs Mal am Tag richte ich ihn, wohl wissend, dass er ihn bald wieder herumwirbeln wird. Als ich nun hinüberging, lag Martin unter dem Teppich und streckte nur seinen Kopf heraus, damit wir ihn sehen konnten. Ich kann mir nicht vorstellen, dass er das aus einem anderen Grund getan hat als einfach nur aus Spaß. Und ich kann mir nicht vorstellen, dass er sich nicht daran erfreute, dass er uns zum Lachen brachte. Ich frage mich, ob ich das jemals für ihn tue. Wie oft tue ich etwas Ähnliches für meine Frau? Ich will es öfter tun.

Wie oft spielen wir nicht nur für uns, sondern auch mit und für andere? Als Kinder haben wir wahrscheinlich mühelos und ganz natürlich auf all diese Arten gespielt. Doch als uns beigebracht wurde, dass das Leben eine ernste Angelegenheit ist, haben wir dieses Spielen verlernt.

Wenn meine Katzen mit einem Pingpong-Ball spielen, der in einem Plastikzylinder steckt, kann ich nie sagen, ob sie wissen, dass die Vorrichtung so konstruiert wurde, dass der Pingpong-Ball niemals aus dem Zylinder entkommen kann. Ich vermute, dass eine solche Erkenntnis für sie keine Rolle spielen würde. Sie haben von klein auf gelernt, wie man ernsthaft spielt.

Manchmal mag ich ihre Art zu spielen nicht. Manche Katzen lassen sich streicheln, schnurren wie wild und haben dann plötzlich genug und beißen ihren ahnungslosen Streichler oder schicken eine Kralle in dessen Richtung. Martin macht das oft. Zuerst habe ich es auf sein Ungestüm oder seine Jugend zurückgeführt, aber jetzt glaube ich zu erkennen, dass auch dies zu seinem Spiel gehört. Ich beobachte, wie er das Gleiche mit seiner Schwester macht. Sie putzen sich gegenseitig und schnurren, dann beißen sie sich und ringen miteinander, knurren sogar, um dann wieder weiter zu putzen und zu schnurren und vielleicht gemeinsam ein Nickerchen in der Sonne zu machen. Ich verstehe das nicht ganz. Und da ich kein dickes Fell oder scharfe Krallen habe und die Regeln dieses Spiels nicht kenne, das Katzen so gut beherrschen, lasse ich Martin in diesen Momenten los. Ich bleibe lieber unverletzt, als mich auf diese Art von Spaß und Zuneigung einzustellen.

Als uns beigebracht wurde, dass das Leben eine ernste Angelegenheit ist, haben wir das Spielen verlernt.

In der jüngeren Geschichte gab es viele bemerkenswerte Menschen, die gern spielten. Ich kann mir gut vorstellen, dass zumindest einige von ihnen diesen Wert von Katzen gelernt haben, denen sie begegnet sind oder die sie gut kannten.

Henry David Thoreau liebte es, Schlittschuh zu laufen. Albert Einstein spielte Geige. Dorothy Day las Romane und hörte sich Opern im Radio an. Das sind alles sehr ernsthafte Menschen, die durch das Spielen viel gelernt haben. Wenn wir erwachsen werden, hören wir leider manchmal auf zu spielen. Wir sind gut darin, uns zu unterhalten – in der Regel mit Bildschirmen und Untätigkeit –, aber wir sind zu schlechten Spielern geworden. Wenn wir Eltern werden, spielen wir mit unseren Kindern, aber wenn sie das Haus verlassen, hören wir wieder damit auf. Es sei denn, unsere Katzen erinnern uns immer wieder daran.

Alle paar Jahre lese ich *Don Quijote* erneut. Wie du wahrscheinlich weißt, ist Don Quijote in diesem klassischen Roman ein alter Mann, der allein lebt und eine Vorliebe für antiquierte Bücher hat, in denen es um Ritter geht, die andere Menschen vor Schaden bewahren und die sich gegenseitig mit Würde und Respekt behandeln. In diesen Büchern tun die Menschen Fremden Gutes, ohne an eine Belohnung zu denken. Eines Tages beschließt Don Quijote, sich in Schale zu werfen und dasselbe zu tun, ohne zu wissen, dass die Zeit der Ritterlichkeit vorbei ist. Er scheint nicht zu verstehen, dass die Leute ihn für einen Narren halten. Sie denken, dass er nur spielt. Don Quijote weiß das entweder nicht oder es ist ihm egal.

Der heilige Antonius, einer der ersten Wüstenväter, sagte (sinngemäß): „Es wird eine Zeit kommen, in der alle verrückt werden, und wenn sie jemanden sehen, der es nicht ist, werden sie ihn angreifen und sagen: ‚Du bist ein Narr! Du bist nicht wie wir.'" Siebzehn Jahrhunderte später fühlt es sich in unserer heutigen Welt oft genau so an, dabei ist die quijotische Torheit eine unserer besten Formen des Spiels. Heilige Narrheit ist nicht heilig, weil die Handlungen des Narren heilig sind. Heilige Narren gehen nicht hin, um die Hungrigen zu speisen und die Nackten zu bekleiden. Stattdessen sitzen sie vielleicht im Schlamm eines Schweinestalls oder predigen den Vögeln. Ihre Handlungen sind heilig, weil sie gegenkulturell und unerwartet sind, manchmal sogar schockierend.

Das Spiel der heiligen Narren mag allzu ernsten Menschen unangemessen erscheinen, und wir sind oft allzu ernste Menschen. Bruder Juniper machte sich manchmal absichtlich lächerlich, um etwas zu verdeutlichen. „Unsere wichtigste Illusion ist unsere Vorstellung von uns selbst, von unserer Wichtigkeit, die nicht verletzt werden darf, von unserer Würde, die nicht verhöhnt werden darf. Unser ganzer Groll entspringt dieser Illusion, unser ganzer Wunsch, Gewalt anzuwenden, Beleidigungen zu rächen, uns zu behaupten", schreibt Iris Murdoch. Es ist dieses Spiel, diese „Torheit", die uns wichtige Lektionen über Prioritäten, Demut, Ehrfurcht und Geduld lehrt. Henri Nouwen, ein Autor aus dem späten 20. Jahrhundert, verließ einst einen Lehrstuhl in Harvard, um sich einem Zirkus anzuschließen. Lass das bitte einen Moment lang auf dich wirken. Er versuchte, als Clown aufzutreten und am Trapez zu fliegen. „Er ist ein Narr", sagten die Leute. Ich nehme an, meine Katzen würden diese Entscheidung als sehr weise ansehen.

Christina die Wunderbare, eine belgische Frau aus dem 12. Jahrhundert, wurde im Alter von 15 Jahren Waise und litt unter häufigen Anfällen, und das in einer Zeit, in der so etwas als eine Form von Geisteskrankheit angesehen wurde. Nach einem Anfall hielt man sie für tot und legte sie in einen Sarg. Doch plötzlich erhob sie sich vor aller Augen. Und fortan galt sie als einzigartig und voller Überraschungen. Die Leute glaubten, sie zeitweise an der Decke schweben zu sehen.

Christina sagte oft: „Mein Leben wird wunderbar sein und mit nichts zu vergleichen, was ihr je gesehen habt." Und das war es auch. Christina soll einige besondere Fähigkeiten gehabt und erstaunliche Wunder vollbracht haben. Heutzutage fragt man sich, ob sie vielleicht schizophren war. Auf jeden Fall zeigte sie unerschrocken die ganze Bandbreite ihrer Persönlichkeit und ließ sich von nichts und niemandem davon abhalten. So inspirierte sie viele Menschen. Sie lehrte unter anderem, wie wichtig das Spielen sei und sich selbst zu entfalten.

Es ist ein Risiko, anders zu sein und die Menschen um uns herum mit Dingen zu überraschen, die sie vielleicht seltsam finden – denn was die Menschen seltsam finden, verurteilen sie oft auch. Aber ich glaube, dass wir manchmal riskieren müssen, uns lächerlich zu machen, um das Richtige zu tun – und um mit vollem Ernst zu spielen. „Du bist ja verrückt", sagen Menschen, die wir lieben und respektieren, vielleicht über uns. Und das ist in Ordnung. Von den Meistern des Spielens, einschließlich unserer Katzen, können wir lernen, dass wir hier sind, um so ernsthaft zu spielen, als wäre es völlig egal, dass der Pingpong-Ball den Zylinder nie verlassen wird.

Geistliche Übung

Sei albern, wenigstens ein bisschen. Du kannst das! Übe dich im Albern-Sein und Spielen. Vielleicht indem du eine Straße lang rückwärtsgehst. Oder im Hopserlauf. Es geht nicht darum, dich zu blamieren, sondern darum, eine neue Perspektive zu entwickeln. Wenn du rückwärtsgehst, schau genau hin: Sehen die Dinge anders aus als vorher? Schauen die Menschen dich anders an als vor dieser spielerischen Umkehrung? Ist das für dich von Bedeutung?

Oder versuche Folgendes – eine Übung, die mir über die Jahre sehr geholfen hat: Zerwühle deine Haare und lass sie dann mindestens eine Stunde lang so. Wenn du so bist wie ich und deine Haare normalerweise ordentlich frisierst, wird dir das etwas Unbehagen bereiten. Woher kommt dieses Unbehagen? Wie fühlst du dich, wenn etwas an dir ein wenig ungepflegt, verspielt, wild ist?

5.
ISS REGELMÄSSIG UND GUT

In den vorangegangenen Kapiteln haben wir uns mit kontemplativen und sogar metaphysischen Themen befasst, die sich darum drehten, wer wir als menschliche Wesen und Geschöpfe sind. Wir haben uns angesehen, welche Weisheiten unsere Katzen uns lehren können und wie sie uns herausfordern und wachsen lassen. In diesem Kapitel wenden wir uns etwas alltäglicheren Lektionen zu. Hier dreht sich jetzt alles um Ernährung.

Na gut, vielleicht nicht ganz. Aber Essen ist ein ebenso zentraler Bestandteil unseres Lebens wie die Übungen der Hingabe, der Entspannung und der Liebe. Martin und Rosa wissen, wie man gut isst. Sie scheinen intuitiv zu verstehen, wie man schlemmt und wie man fastet. Ich beobachte, wie sie ihr Essen genießen, und ich beobachte, wie sie zwischen den Mahlzeiten völlig vergessen, dass das Essen sie zufrieden macht und ablenkt. Vermutlich hast du auch schon mal Videos von Löwen in freier Wildbahn gesehen, die nach einer guten Mahlzeit satt und zufrieden herumliegen. Meinen kleinen Mitgeschöpfen geht es nach dem Essen ähnlich. Der Philosoph John Gray sagt ganz trocken: „Seit ihrer Domestizierung durch den

Menschen sind Katzen nicht mehr auf die Jagd angewiesen, um Nahrung zu finden." Sie müssen nicht lange nach ihrer nächsten Mahlzeit suchen. Aber sie nutzen die Stunden zwischen den Fütterungen, um zu spielen, ihre Umgebung zu erkunden, Kontakte zu knüpfen und sich auszuruhen.

Ich finde das lehrreich. Während unsere menschliche Familie damit kämpft, überhaupt regelmäßig zu gemeinsamen Mahlzeiten zusammenzukommen, drängen Martin und Rosa mich sanft, ihnen beim Essen Gesellschaft zu leisten.

Warum scheinen sie jeden Morgen zu wollen, dass ich ihnen dabei zuschaue, wie sie in der Küche ihr Frühstück aus ihren kleinen Schüsseln knabbern? Meist versuche ich, Martins nicht gerade dezente Erinnerungs-Reiberei an meinen Knöcheln zu ignorieren. Ich bleibe an meinem Platz. Aber nein. Offensichtlich soll ich nicht nur dafür sorgen, dass Futter in den Näpfen ist, sondern auch zusehen, wie sie zumindest die ersten Bissen fressen. Während ich sie beobachte und ihnen gelegentlich über den Rücken streichele, schnurren sie beim Fressen. Anscheinend ist es auch für sie schöner, in Gesellschaft zu essen. Eine solche gemeinsame Zeit ist auch für unsere menschliche Familie wichtig.

Martin und Rosa haben ihre Mutter verloren, als sie noch sehr klein waren und gesäugt wurden. Deshalb musste ihre Pflegemutter sie so oft mit der Flasche füttern, wie eine Katzenmutter ihren Wurf füttert: alle zwei Stunden, auch nachts. Und die Verantwortung hörte damit nicht auf. Die Pflegemutter tat für die kleinsten Kätzchen noch etwas anderes, was eine Katzenmutter auch tun würde: Nach dem Säugen massiert die Mutterkatze den Bauch jedes ihrer Kätzchen, um die

Darmtätigkeit anzuregen. Sehr junge Kätzchen brauchen dabei ein wenig Hilfe. Wenn ein menschliches Pflegeelternteil dies nicht tut, können die Kätzchen Verstopfung bekommen.

Wenn ich meine Katzen beobachte, werde ich daran erinnert, wie wichtig die Balance des Geistigen und des Körperlichen in meinem Leben ist – und daran, wie banal das Leben die meiste Zeit ist. Wir essen, wir beten, wir benutzen die Toilette, wir bringen unsere gegenseitige Liebe zum Ausdruck. Unser Leben besteht aus all diesen alltäglichen Dingen.

Manchmal rebellieren wir gegen die langweilige Regelmäßigkeit von geistlichen Übungen und Disziplin. Manchmal ist das in Ordnung. Ich stelle aber fest, dass ich am glücklichsten bin, wenn ich mir erlaube, mich in der Alltäglichkeit einzurichten – wenn ich bereit bin, die Erwartung loszulassen (meine eigene wie auch die anderer), dass ich dann ein gutes Leben habe, wenn eine aufregende Sache die nächste jagt. Denn das ist einfach nicht wahr. Und unsere Katzen, die rein gar nichts gegen Routine und immer gleiche Abläufe haben, scheinen das auch zu verstehen.

Es macht Freude, einen beständigen Weg zu gehen. Höhen und Tiefen, auch religiöse, werden durch regelmäßige Übungen und Phasen gepflegter Langeweile abgemildert.

Es macht Freude, einen beständigen Weg zu gehen. Höhen und Tiefen, auch religiöse, werden durch regelmäßige Übungen und Phasen gepflegter Langeweile abgemildert. Genau daran werde ich erinnert, sobald ich Martin und Rosa beim Fressen, Spielen und Schlafen zusehe. Auch deine Katzengefährten lehren dich diese Lektionen, wenn du hinschaust.

Teresa von Ávila, eine meiner liebsten katholischen Mystikerinnen, war dafür bekannt, dass sie flehte: „Herr, bewahre uns vor griesgrämigen Heiligen!" Sie sagte auch einmal zu einem Klosterbesucher, der sich darüber wunderte, dass die Schwestern ein extravagantes Essen zu sich nehmen wollten: „Es gibt eine Zeit für Rebhuhn und eine Zeit für Buße." Gutes Essen ist in mehrfacher Hinsicht gut für uns. Aber auch der zeitweise Verzicht ist gut für uns. Besonders in Zeiten, in denen wir das Haus nicht verlassen können oder stundenlang am Schreibtisch festsitzen, kann es schwierig sein, die Befriedigung durch Essen und andere angenehme Dinge zu vergessen. Wir knabbern einfach gern.

Katzen werden unruhig, wenn sie hungrig werden, genauso wie wir Menschen. Ich bezeichne diese übermäßig unruhigen, hungrigen Katzenmomente manchmal als „Lampenfressen", denn tatsächlich haben Martin und Rosa genau das schon getan – sie fingen an, an unseren Lampenschirmen zu knabbern, wenn ich vergessen hatte, sie zu füttern. Sie scheinen dies als eine Art der Kommunikation zu nutzen: „Hey, Mensch! Unsere Zähne brauchen etwas zu beißen! Die vernünftigen Grenzen der nahrungsfreien Zeit wurden deutlich überschritten!" Ich versuche zuzuhören und aufzupassen. Es ist meine Pflicht, sie zu füttern. Es ist unsere Aufgabe, uns gegenseitig zu ernähren. Genauso ist es unsere Aufgabe, das zu essen, was uns zusteht.

Im sunnitischen Islam spiegelt die vierte Säule ganz ähnliche Lehren aus dem Judentum und Christentum über die Notwendigkeit des Fastens wider. Diese Säule ist für das muslimische Leben von zentraler Bedeutung als für die beiden anderen abrahamitischen Religionen.

Fasten ist heute in keiner religiösen Tradition beliebt, weil es nach etwas Negativem klingt: 1. Du darfst nicht essen, und 2. die religiöse Pflicht verbietet es dir. Aber wir übersehen dabei etwas Wesentliches.

Ein Aspekt des Fastens im sunnitischen Islam – wie auch in meinem eigenen katholischen Laienkloster – besteht darin, die Balance und den Segen sowohl des genussvollen Essens als auch des regelmäßigen Verzichtens zu entdecken. Es gibt viele gute Gründe, dieses Gleichgewicht zu halten. Für diejenigen unter uns, die im Überfluss leben, erinnert uns regelmäßiges Hungern an andere, die nicht so viel haben. Außerdem hält der Verzicht unser Gleichgewicht näher am Durchschnitt der Menschheit, weil es die Ausschweifungen eindämmt, zu denen unser ressourcenreicher Lebensstil sonst neigen könnte. Die aus privilegierten Verhältnissen stammende französische Philosophin und Schriftstellerin Simone Weil fastete als Erwachsene lange Zeit in Solidarität mit denjenigen, die wenig oder gar nichts zu essen hatten. Auch dein Pastor, Rabbiner oder Priester ermuntert seine Gemeinde vielleicht immer wieder zu Fastenzeiten, um uns daran zu erinnern, wie es sich anfühlt, nach Gott zu „hungern". Dem kann ich nur zustimmen, denn genau so fühle ich mich in meinen Fastenzeiten.

Es gibt eine schöne Geschichte von Baal Schem Tov, dem Begründer des Chassidismus. Er nahm auf eine Exerzitienreise Essen mit und bemerkte erst Tage später, dass er es nicht angerührt hatte. Martin Buber erzählt die Geschichte so:

„Als der Baal Schem Tov jung war, nahm er am Ende des Sabbats sechs Brote und einen Krug Wasser mit und zog sich für eine ganze Woche zurück. Als er dann am Freitag nach Hause gehen und seinen Sack vom Boden aufheben wollte, bemerkte er, dass er schwer war. Er öffnete ihn und fand alle Brote noch darin. Darüber war er sehr erstaunt."

Diese Erfahrung schwingt auch in dem mit, was der Sufi-Kommentator Al-Nisaburi sagt (hier leicht abgewandelt): „Gott speist die Auserwählten unter seinen Dienern, die die ganze Nacht in seiner Gegenwart verbringen, nicht mit sich selbst oder der Schöpfung, sondern so wie der Prophet sagte: ‚Ich verbringe die Nacht in der Gegenwart meines Herrn, der mich speist und mir zu trinken gibt.'"

Aber Fasten muss nicht zwangsläufig religiös motiviert sein. Simone Weil praktizierte es nicht als Teil eines religiösen Rituals. Mit ihrem radikalen Engagement für die Identifikation mit den Armen war es für sie die grundlegendste Art, am eigenen Leib zu spüren, dass wir alle gleich sind. Man kann kein wahres Festmahl genießen, wenn man sich nicht auch von Zeit zu Zeit gestattet, tiefen und schmerzhaften Hunger zu verspüren. In unseren tiefsten Bedürfnissen und Freuden sind wir alle gleich. Wir alle „fressen die Lampen", und es ist gut, wenn wir das Befüllen *und* das Leeren der Teller kennen.

Im Koran 2:183 heißt es: „O ihr, die ihr glaubt, vorgeschrieben ist euch, zu fasten, so wie es denen vorgeschrieben worden ist, die vor euch lebten, auf dass ihr gottesfürchtig werdet." Manche Menschen fühlen sich zur Ehrfurcht vor Gott, zur Anbetung und zur Dankbarkeit hingezogen.

Was wäre, wenn diese Handlungen und diese Haltung (in Ermangelung eines besseren Wortes) auch etwas in uns auslösen? Gottesbewusstsein?

Vermutlich sind sich Martin und Rosa der Ziele und Vorteile des Fastens nicht bewusst. Aber sie tun es trotzdem. Sie verstehen den Rhythmus des Essens und Nichtessens, das Gefühl des Mangels. Wir und sie schätzen unsere Mahlzeiten, und dann stellen wir das Essen für eine Weile beiseite, um uns auf andere Dinge zu konzentrieren.

Geistliche Übung

Wenn deine Gesundheit es zulässt, könntest du diese Woche versuchen, jeden Tag zwölf bis dreizehn Stunden zu fasten, vom Ende der letzten Mahlzeit bis zum Frühstück am nächsten Morgen (das genau aus diesem Grund auf Englisch „breakfast" heißt, also „Fastenbrechen"). Betrachte dies als Fastenzeit, mit allem, was das für dich bedeutet. Das Wort „fasten" stammt von dem mittelhochdeutschen Wort vasten und bedeutet „fest" und „stark". Sei in Bezug auf das Essen für mindestens zwölf Stunden genau das: fest und stark.

Und dann schau dir den dänischen Film „Babettes Fest" von 1987 an (gern auch ein zweites oder drittes Mal, wenn du ihn schon kennst). Er feiert die Wertschätzung für das Alltägliche und das Außergewöhnliche. Denn so wie es gut ist zu fasten, ist es auch gut für uns zu wissen, wie man von ganzem Herzen genießt und schlemmt.

6.
LEG DICH IN DIE SONNE

An jedem Nachmittag suchen sich Martin und Rosa den sonnigsten Platz im Haus und machen es sich dort gemütlich. Nach einer Stunde im Sonnenfleck sehen sie völlig entspannt aus, komplett im Einklang mit sich selbst und ihrer Umgebung. Darum beneide ich sie. Nicht, dass ich nach Florida oder irgendwo an einen Strand ziehen möchte, aber ich würde mich einfach gern so wohlfühlen.

Meine Verpflichtungen halten mich an den meisten Tagen davon ab, das zu tun, was die Katzen tun. Zumindest ist das meine übliche Ausrede: Ich habe keine Zeit, einfach mal nichts zu tun. Aber ich glaube, es geht um mehr als das wohlige Gefühl, keine Verpflichtungen zu haben. Wenn ich die Katzen an ihren warmen Plätzen beobachte, erinnere ich mich an Zeiten, in denen auch ich wohltuende Wärme erfahren und mit Feuer gebetet habe.

Ich bin kein Sonnengott-Verehrer. Das antike Afrika und Griechenland und die aztekische Mythologie haben viele Bilder von Sonnengottheiten. Aber ich bin ein Betender in der Sonne. Die Alten wussten etwas, was auch meine Katzen einfach zu wissen scheinen: Ein Platz an der Sonne ist ein Platz bei Gott. Jeder von uns braucht das Licht und die Wärme und muss sie persönlich erfahren. Wir können die Wärme des Sonnenscheins nicht durch Beschreibungen anderer erleben. Und wenn wir uns von anderen etwas über die Wärme der Sonne erzählen lassen, steht das unserem eigenen Erleben immer im Weg.

Der Prediger Salomo (der das Buch „Prediger" in der Bibel schrieb, aus dem die Byrds ihren Text für „Turn! Turn! Turn!" aus dem Jahr 1965 entnommen haben) bietet einen typisch weisen Rat: „Wenn zwei in der Kälte zusammenliegen, wärmt einer den anderen, doch wie soll einer allein warm werden?" (Prediger 4,11; Hfa). Gemeinsam ist uns wärmer und sind wir stärker als allein. Aber eine Katze in der Sonne erinnert mich an etwas Persönlicheres, das beides irgendwie widerspiegelt: Wenn du dich allein hinlegst, bist du in Wirklichkeit nicht allein – Gott ist bei dir. Die Wärme der Sonne erinnert mich daran.

Hildegard von Bingen, die mittelalterliche deutsche Äbtissin und Mystikerin, glaubte an den Heiligen, der die Welt ständig „zum Ergrünen bringt" und der sich voller Lebendigkeit und Wärme mit seinen Geschöpfen verbindet. Sie sprach oft von seiner „Grünkraft". Wie kann diese „Begründung" anders erfolgen als mit reichlich Sonnenschein? Matthew Fox gibt in seinem Buch *Original Blessings* Worte wieder, die Hildegard Gott hat sagen hören: „Mit meinem Mund küsse ich meine erwählte Schöpfung. Ich umarme jedes Geschöpf, das ich aus dem Lehm der Erde geformt habe, in einzigartiger, liebevoller

Weise. Mit feurigem Geist verwandle ich den Lehm in einen Körper, der der ganzen Welt dient." Vielleicht können wir diesen Kuss am besten spüren, wenn wir wie eine Katze auf einem sonnengewärmten Fliesenboden liegen.

Eine andere große christliche Mystikerin, die heilige Teresa von Ávila, sagte: „Die Dinge der Seele muss man sich immer in Fülle und Weite und Größe vorstellen, weil sie viel mehr fasst, als wir uns vorzustellen vermögen, wobei sich die Sonne, die in jenem Palast wohnt, überall hin mitteilt." In ihrer Analogie ist jede Seele in der Lage, Zeit im Palast des Ewigen zu verbringen, und der König wärmt und erleuchtet diese Seelenkammer wie die Sonne.

Es gibt noch andere Arten von Wärme, die mit geistlichen Erfahrungen verbunden sind. Ich denke dabei an Schwitzhütten in den spirituellen Traditionen der amerikanischen Ureinwohner, die der Heilung und der Verbindung mit dem Schöpfer dienen. Schwitzhütten haben ihren Ursprung bei den indigenen Völkern der Great Plains, darunter die Lakota, Blackfoot und Crow. Ich bin mit der Tradition der Lakota am besten vertraut – zu ihren früheren Anführern gehören einige der wichtigsten Persönlichkeiten in der Geschichte des heutigen nordamerikanischen Kontinents: Sitting Bull, Red Cloud, Crazy Horse und Nicholas Black Elk, dessen Biografie ich kürzlich geschrieben habe.

In diesen Traditionen betritt man eine Schwitzhütte mit der Absicht, sich spirituell zu reinigen und zu läutern. Das Schwitzen ist kein Nebeneffekt, aber es ist auch nicht der einzige Zweck der Übung. Der beste Vergleich, den ich mit anderen religiösen Traditionen anstellen kann, ist die Pilgerreise: Beide sind körperliche Erfahrungen, mit Bewegung und sogar Erschöpfung verbunden, und sie bewirken eine Demut, die durch absichtlich herbeigeführte Schwäche verursacht ist. Beide Praktiken kosten uns körperlich und geistlich etwas. Außerdem bieten die Schwitzhütte und die Pilgerreise die Erfahrung, Teil von etwas zu sein, das größer ist als man selbst. Ich denke an die Berichte von Malcolm X über den Haddsch, die muslimische Pilgerreise nach Mekka, die ihn für immer verändert hat, und zwar jenseits des rassischen Exklusivismus, den ihm seine Lehrer beigebracht hatten. Damals schrieb er in einem Brief: „Ich habe noch nie eine so aufrichtige Gastfreundschaft und wahre Brüderlichkeit erlebt, wie ich sie hier in Arabien erfahren habe. In der Tat hat mich alles, was ich auf dieser Pilgerreise gesehen und erlebt habe, gezwungen, viele meiner bisherigen Denkmuster neu zu ordnen und einige meiner früheren Schlussfolgerungen über Bord zu werfen." Er spürte ganz offensichtlich die Hitze der spirituellen Reinigung.

Eine Schwitzhütte ist auch ein dunkler Ort: Tierhäute werden verwendet, um die biegsamen Weidenäste zu bedecken, die den Rahmen der Hütte bilden. Von außen sieht sie wie eine große Schildkröte aus. Im Inneren sorgen heiße Steine oder glühende Kohlen für die nötige Wärme. Die Menschen gehen hinein, um sich auszuruhen, zu erfrischen und zu heilen.

Manche von uns haben Angst vor der Dunkelheit und fühlen sich durch sie bedroht. Diese Angst hält uns davon ab, den

Sonnenschein einfach nur als das zu genießen, was er ist. Der Dichter William Blake zum Beispiel vergötterte förmlich die aufgehende Sonne. An mehreren Stellen schreibt er, dass er im Sonnenschein eine himmlische Heerschar zu sehen meint, die wie die Engel im Buch Jesaja ruft: „Heilig, heilig, heilig!" Blakes Lobpreisungen des Sonnenscheins sind zuweilen so übertrieben, dass ich mich ernsthaft besorgt frage, wie er sich an bewölkten Tagen gefühlt haben muss.

Obwohl ich Martin und Rosa beim Sonnenbaden genau beobachte, weiß ich nicht, was die beiden denken, wenn sie am Fenster oder auf dem Boden in der Nachmittagssonne liegen. Soweit ich weiß, erholen auch sie sich und heilen. Aber ich glaube, sie haben ein viel entspannteres Verständnis von der *Wir alle brauchen warme Orte, die uns daran erinnern, dass wir bei Gott sind und dass Gott bei uns ist.* Sonne und ihrer Rolle in ihrem Leben. Ich habe sie manchmal eine Stunde lang oder länger beobachtet, wie sie in den warmen Strahlen lagen. Es ist, als ob die Sonne durch sie hindurchdringt, so wie ein guter Masseur durch die Sehnen und Muskeln eines menschlichen Körpers hindurchwirkt. Martin und Rosa scheinen nur das zu brauchen, was sie bereits in sich tragen, und dazu ein bisschen Sonne.

Für jedes Lebewesen unter dem Himmel ist die Sonne unsere Wärmequelle, und bewusst in ihrem Licht zu sein, ist eines der grundlegendsten Geschenke, die uns gegeben sind. Ihr Licht ist ein Ort zum Beten. Wir alle brauchen warme Orte, die uns daran erinnern, dass wir bei Gott sind und dass Gott bei uns ist.

Manchmal ist so ein warmer Ort auch ein Begleiter in Zeiten der Not. Ich denke an den Tag neulich, als ich starke Ohrenschmerzen hatte und mein ganzer Kopf pochte. Ich wollte mit niemandem sprechen und keine Fragen beantworten. Als es mir schlecht ging, suchte ich einfach nur Rosas Gesellschaft. Sie lag still auf dem Bett, während ich meinen schmerzenden Kopf an ihren warmen Körper legte. Sie muss wohl eine Stunde lang bei mir geblieben sein. Ob sie wusste, dass ich Schmerzen hatte und sie mir eine große Hilfe war?

Als es mir besser ging und ich aufstand, wurde mir klar, dass wir zusammen in der Sonne gelegen hatten.

Geistliche Übung

Es ist nicht immer einfach, einen Platz an der Sonne zu finden, vor allem im Winter, aber ich hoffe, dass du, wo auch immer du beim Lesen dieses Buches bist, einen sonnigen Platz auftreiben kannst. Wenn du einen gefunden hast, bleib dort mindestens zwei oder drei Minuten. Wenn möglich, 15 Minuten. Spüre bewusst die Wärme der Sonne auf deiner Haut. Erlaube dir, in der Wärme zu schwelgen. Leg dich hin oder setz dich in den Lotussitz, wie es dir gefällt. Schließ die Augen. Breite die Hände aus. Tu, was auch immer dir hilft, zur Ruhe zu kommen und deine Aufmerksamkeit auf das Universum um dich herum zu richten.

Hier ist das (leicht angepasste) „Sonnengebet" von Pater Charles Flood (gest. 1995) von der Priests of the Sacred Heart Congregation, der beim Volk der Lakota lebte und arbeitete:

Großer Geist, Gott und Vater,
sei heute der Mittelpunkt meines Lebens.
Du füllst die ganze Leere des Raumes aus.
Möge die Sonne mir heute eine gesunde,
heilende Wärme schenken,
damit ich meinerseits zum Heiler der Verletzungen
anderer werden kann.

7.
SAG DEINE MEINUNG

Ich habe schon oft gehört, wie Menschen den Gehorsam von Hunden mit dem unabhängigen Geist von Katzen verglichen haben. Damit wollten sie deutlich machen, was Gott ihrer Ansicht nach von den Menschen verlangt. Ich habe nicht nur Menschen sagen hören, dass Hunde gut und Katzen böse seien, sondern auch, dass Hunde göttlich und Katzen teuflisch seien. Ich scherze nicht. Ein kürzlich veröffentlichter Blogbeitrag lautete wie folgt: „Hunde tun alles, um ihrem Herrchen zu gefallen. Katzen tun alles, um sich selbst zu gefallen. Auch wenn wir über den Unterschied lächeln, ist es eigentlich nicht zum Lachen."

Eine solche Sicht auf das vermeintlich erwünschte Verhalten eines Menschen gegenüber Gott zu übertragen, ist ein sehr oberflächliches Verständnis von Glaube und Spiritualität, selbst für Christen. Abraham stritt mit Gott, was dazu führte, dass Gott seine Meinung änderte (vgl. 1. Mose 18). Mose tat dasselbe (vgl. 2. Mose 32). Selbst Jesus Christus diskutierte am Kreuz mit Gott (vgl. Matthäus 27,46). Erzählt mir also nicht, dass Glaube bedeutet, still und gehorsam zu sein wie ein gut abgerichteter Hund. Ich glaube nicht, dass dies überhaupt ein erstrebenswertes Ziel ist.

Die Unabhängigkeit von Katzen ist genau das, was viele von uns an ihnen lieben und womit wir uns identifizieren können. Im Allgemeinen sind Katzen nicht so leicht zu erziehen wie Hunde. Sie sind nicht so um Gefallen bemüht und reagieren nicht so bereitwillig auf Belohnungen und Bestrafungen. Mit anderen Worten: Sie sind eher wie die meisten von uns.

Vor einigen Jahren ging meine Frau nachmittags mit unserem Hund Max in der Nachbarschaft spazieren. Max, Gott hab ihn selig, war ein großer Mischling aus Rottweiler und irgendetwas anderem. Sein Fell war schwarz und er hatte einen breiten Kopf und war sehr lieb zu Frauen und Kindern. Max kam aus dem Tierheim und muss als Welpe von einem großen Mann misshandelt worden sein, denn er war in der Nähe von großen Männern immer sehr nervös. Wenn wir den Bürgersteig entlanggingen und sich ein großer Mann näherte, wurde er ängstlich und unruhig.

Es werden so viele großartige Hunde und Katzen gerettet, und ich hoffe, dass auch du dich zuerst an ein Tierheim wendest, wenn du einen vierbeinigen Gefährten suchst. Es sei denn, du bist in der Lage, die Rettung gleich selbst zu übernehmen. Eine außergewöhnliche Rettungsgeschichte findet sich im ersten Kapitel von Cleveland Amorys Klassiker *Die Katze, die zur Weihnacht kam*. Das wahrscheinlich meistverkaufte Buch aller Zeiten über Katzen beginnt im ersten Kapitel mit dem passenden Titel „Die Rettung" und berichtet, wie

Cleveland an einem Weihnachtsabend in den Straßen von New York seinen Kater fand: „Er war dünn und schmutzig und verletzt." Eine weitere Rettungsgeschichte erzähle ich in dem Kinderbuch *The Pope's Cat* (dt. „Die Katze des Papstes"). Darin stolpert mein fiktiver Papst eines Morgens bei einem Spaziergang auf der Via della Conciliazione in Rom über eine streunende Katze. Er hebt sie auf, steckt sie in seine Soutane und nimmt sie mit in den Vatikan.

Aber zurück zu der Geschichte dieses Nachmittags und zu Max, der sich beim Anblick eines großen Mannes, der auf dem Mittelstreifen joggte, losriss. Meine Frau war von dem plötzlichen Ruck an der Leine überrascht und ließ sie los. Leider handelte es sich bei dem Jogger um jemanden, der Angst vor Hunden hatte, und Max' Aussehen trug sicher nicht dazu bei, dies zu verbessern. Also rannte der Jogger schneller als zuvor und schrie dabei, während Max ihn verfolgte. Die große Ironie des Verhaltens von Hunden gegenüber Menschen ist, dass sie dazu neigen, diejenigen anzugreifen, die am empfindlichsten auf die Möglichkeit reagieren, verletzt zu werden. Ein Hund wird verängstigt, wenn er Angst bei anderen wahrnimmt. Max rannte also los, und obwohl meine Frau hinter ihm herlief und versuchte, ihn wieder unter Kontrolle zu bringen, schnappte Max den Jogger in den Hintern. Es war dramatisch, aber die gute Nachricht ist, dass der Vorfall außer einer zerrissenen Jogginghose und einem geprellten Ego keine Verletzungen zur Folge hatte. Die Angst des Joggers war aber so groß, dass er nach dem Angriff darauf bestand, unseren Hund einschläfern zu lassen. Meine Frau musste um Max' Leben kämpfen und hatte zum Glück Erfolg.

Woher kommt diese Vorstellung, dass ein Hund, der sich wie ein Tier verhält und einen Menschen verletzt, sofort und ohne Diskussion getötet werden muss? In unserem Fall kam es zu einer obligatorischen Überprüfung durch einen örtlichen Tierschutzbeamten, der Max in bester Hundeordnung vorfand. Der liebe Max lebte noch viele Jahre bei uns, aber er wurde beim Anblick von großen Männern immer noch gelegentlich nervös, besonders wenn diese joggten. Wir hielten seine Leine dann umso fester.

So etwas passiert mit einer Katze nur sehr selten. Wenn eine verängstigte Katze jemanden kratzt und dabei menschliches Blut fließt, ziehen wir daraus nicht den Schluss, dass sie eingeschläfert werden muss. Wir folgern, dass die Katze Angst hatte und dass wir sie besser nicht in diese Situation bringen sollten. Ich kenne Katzen, die von ihren Menschen wegen früherer traumatischer Erlebnisse nur mit viel Fingerspitzengefühl betreut werden können.

Normalerweise geht man davon aus, dass man einen Hund erzieht und ausbildet, und dann tut er, was man ihm sagt. Möglicherweise wird er deshalb als gefährlich angesehen, wenn er etwas anderes tut.

Die russische Dichterin Wisława Szymborska aus dem späten 20. Jahrhundert sagte einmal: „Was auch immer Inspiration ist, sie entsteht aus einem ständigen ‚Ich weiß es nicht'." Ich hoffe, dass die Fragen über Hunde und Katzen, die ich mir selbst stelle, eine solche Inspiration darstellen.

Mir fällt es nicht schwer, unseren tierischen Gefährten den Raum zu geben, den sie brauchen und manchmal auch einfordern. Wenn Martin und Rosa trotzig von mir weggehen, denke ich nicht schlechter von ihnen. Tatsächlich gibt es eine neuere Studie über das Bindungsverhalten von Katzen zu ihren zweibeinigen Begleitern, die das Verhalten von Katzen beleuchtet, die sich in ihren menschlichen Beziehungen sicher fühlen. Die meisten Experten sagen, dass Hauskatzen ihre menschlichen Begleiter als größere Katzen betrachten. Im Gegensatz dazu sehen Hunde ihre Menschen eher als „Alphatiere" anderer Spezies. In einem Versuch wurden Katzen von ihren menschlichen Betreuern mehrere Minuten getrennt. Die Katzen mit dem geringsten Stress und Trennungsschmerz waren nicht diejenigen, die direkt auf den Schoß ihres Menschen sprangen. Auch nicht die, die den zurückgekehrten Menschen mieden. Die am besten angepassten Katzen waren diejenigen, die ihren Menschen anschauten, den Schwanz hochgestreckt, und sich etwa eine Armlänge von ihm entfernt hielten.

Hundeähnlicher Gehorsam beim Menschen ist nicht christlich.

Abgesehen davon, dass man das Verhalten von Tieren und Menschen ohnehin nicht vergleichen sollte, möchte ich klar und deutlich sagen: Hundeähnlicher Gehorsam beim Menschen ist nicht christlich. Er ist auch nicht jüdisch.

Als Ehemann einer Rabbinerin habe ich die Arbeit eines Netzwerks von Rabbinern und Kantoren namens T'ruah kennengelernt. Sie erklären: „Der Name T'ruah – einer der Töne des Schofars (Widderhorn) – ruft uns zum Handeln auf, um eine gerechtere Welt zu schaffen, und zeigt unseren Glauben an die Möglichkeit der Befreiung." Und genau das ist es, wofür sie sich einsetzen – Juden und ihre Verbündeten für mehr Gerechtigkeit zu mobilisieren und die Menschenrechte zu verteidigen: Sie kämpfen gegen Antisemitismus, helfen Asylsuchenden und Geflüchteten, schaffen eine bessere Zukunft für Israelis und Palästinenser, sie wollen die Einzelhaft beenden, Masseninhaftierungen abschaffen, Menschenhandel und Versklavung aufdecken und Zufluchtsorte in Synagogen auf der ganzen Welt schaffen.

Martin und Rosa kämpfen nicht für die Menschenrechte, aber sie zeigen, dass man sein Leben nicht nach den Erwartungen anderer ausrichten muss. Sie sind geschätzte Hausgenossen, aber sie zeigen auch, dass Gutes tun nicht immer gleichbedeutend mit brav sein ist.

Brave Menschen schreiben selten Geschichte. Ich denke da an die „Nonnen im Bus", eine Lobbygruppe bestehend aus katholischen Nonnen in den USA, die mit einem Bus durch das Land reisen und das Engagement der Kirche für soziale Gerechtigkeit unterstützen. Sie setzen sich für mehr Ernährungssicherheit, gleichberechtigten Zugang zur Gesundheitsversorgung, eine Reform der Einwanderungsgesetze und opferorientierte Gerechtigkeit ein. Sie sind sich darüber im Klaren, dass Gehorsam kein positiver Wert ist, wenn er bedeutet, ungute Umstände zu dulden. Ungehorsam kann gottgefällig sein. Aber den menschlichen Geschöpfen, denen beigebracht wurde, Sitz zu machen und Pfötchen zu geben, zu erdulden und gehorsam zu sein und immer Ja, Ja, Ja zu sagen, wird es nie in den Sinn kommen, ungehorsam zu sein.

Daniel Berrigan SJ, der Jesuitenpriester und Dichter, protestierte während des Vietnamkriegs gegen die Einberufung und ging mehrfach für die Sache der Gerechtigkeit ins Gefängnis. In dem Buch *The Geography of Faith* schreibt er: „Die Welt ist voller Leid und Ausbeutung, und diese Tatsache führt uns ständig die Realität vor Augen, die unser Verhalten zu einer moralischen Herausforderung macht."

Wenn Martin und Rosa mir immer wieder zeigen, dass sie nicht unbedingt das tun, was ich will, erinnere ich mich an den spirituellen Wert, der darin liegt, seine Grenzen zu kennen, und gleichzeitig die Notwendigkeit, sie zu überschreiten, wenn die Situation etwas anderes als Ja-Sagen und Gehorsam erfordert.

Geistliche Übung

Schwester Simone Campbell, die bekannteste der „Nonnen im Bus", empfiehlt „heilige Neugier" als eine Möglichkeit, in der eigenen Nachbarschaft etwas für die Gerechtigkeit zu tun:

> „Ich stehe nicht oft in Warteschlangen, aber ein Ort, an dem das vorkommt, ist der Supermarkt. (...) Ich beginne gern ein Gespräch damit, dass ich der Person vor oder hinter mir an der Kasse eine Frage zu aktuellen Ereignissen stelle, um deren Sichtweise zu erfahren. Ich frage, ob sie oder er eine Meinung zu steigenden Löhnen, zur Reform des Gesundheitswesens oder zur Manipulation von Wahlen hat. Ich frage nach allem, was mir durch den Kopf und das Herz geht, und höre mir dann die Antwort an. (...) Heilige Neugier ist ein kleiner Schritt, um den Stoff, aus dem unsere Gesellschaft gemacht ist, neu zu weben."

Diese heilige Neugier ist so einfach. Wir alle können sie haben. Und es scheint mir ein guter kleiner Schritt in die richtige Richtung zu sein.

8.
ÜBE DICH IN DISZIPLIN

Disziplin und Selbstdisziplin sind unpopuläre, fast gegenkulturelle Werte. Viele von uns sind in einem Elternhaus aufgewachsen, in dem uns Disziplin in einer Weise auferlegt wurde, dass wir bis zum Erwachsenenalter dachten, wir hätten uns das Recht verdient, davon frei zu sein, ähnlich wie ein Gefangener, der endlich aus der Zelle heraus darf. Aber Selbstdisziplin – und Disziplin an sich – ist nichts zwanghaft Negatives, wenn sie ein gesunder Teil des Lebens ist. Tatsächlich ist Disziplin für jeden, der auf dem spirituellen Weg bleiben will, unerlässlich.

Niemand gerät zufällig oder unbeabsichtigt in ein sinnerfülltes Leben, und niemand, der das Gegenteil des Lebenssinns verfolgt, befindet sich auf einem spirituellen Weg. Aufmerksamkeit, Absicht, Handeln und Zielsetzung sind Wegmarken, und Disziplin ist die Leitplanke, die uns in der Spur hält.

Ein typischer Tag in meinem Haus sieht so aus: Martin und Rosa halten mit mir eine Gebetszeit (Vigil) in den frühen

Morgenstunden, bevor die Sonne erwacht. Einige Psalmen, gelegentliches kontemplatives Seufzen und kurze Gebete erfüllen mein Herz und kommen leise aus meinem Mund. Neben mir sitzen gewöhnlich meine Katzen, während ich mich darin übe, mich auf Texte wie diesen aus dem Buch der Klagelieder einzulassen: „Steh mitten in der Nacht auf, wenn alles außer dem Wächter noch schläft, und flehe unermüdlich zu Gott um Hilfe. Heb deine Hände zu ihm empor und schütte dein Herz bei ihm aus!" (2,19; Hfa). Das tun wir, nur ohne den Lärm, den das Ausrufezeichen andeuten könnte.

Wir sind alle drei früher wach, als unsere Ärzte es für richtig halten, und wir sind ein bisschen hungrig, aber wir ruhen nicht und essen nicht. Zuerst sitzen wir zusammen in der Dunkelheit. Und ich bete Worte wie diese aus Psalm 51 (EÜ): „An Treue im Innersten hast du Gefallen, im Verborgenen lehrst du mich Weisheit."

Wir sagen immer wieder Zeilen aus den Psalmen auf und verbünden uns so mit anderen Kontemplativen und Mönchen auf der ganzen Welt, die ebenfalls nachts aufstehen und beten. Wir? Nun, zumindest stelle ich mir vor, dass die Katzen das mit mir tun. Sie scheinen geduldig und interessiert genug zu sein.

(Und wenn ich manchmal nicht rechtzeitig vor dem Morgengrauen aus dem Bett komme, sitzen Martin und Rosa vor der Schlafzimmertür, sehen mich erwartungsvoll an und sagen: „Was fällt dir ein, so spät aufzustehen? Es ist Zeit für die Psalmen!")

Wir üben dieses kleine bisschen Selbstdisziplin, den Tag mit Gebeten zu beginnen und nicht sofort zu frühstücken, um unseren Geist und unseren Körper daran zu erinnern, dass es mehr im Leben gibt als das, was unsere Zellen nährt. Unser Geist treibt uns an, und er wird in den frühen Morgenstunden auf eine Weise lebendig, die ebenso wichtig ist wie körperliche Nahrung. Ich erinnere mich an eine Aussage der heiligen Teresa von Ávila, der spanischen Karmelitenmystikerin aus dem 16. Jahrhundert, die viele Möchtegern-Kontemplative beriet und ihre eigenen Misserfolge im spirituellen Leben erlebte: „Es gibt Seelen und Gemüter, die so zerstreut sind, dass sie wie wilde Pferde sind, die niemand aufhalten kann. Mal rennen sie hierhin, mal dorthin, und sind immer ruhelos."

Deshalb bemühen wir uns um Ruhe und Stille. Das brauchen wir, um unseren Tag zu beginnen. Wie Edith Stein einst lehrte: „Leer werden und still werden sind eng miteinander verbunden. Die Seele wird von der Natur auf so viele Arten aufgefüllt, dass eine Sache immer eine andere ersetzt, und die Seele ist in ständiger Unruhe, oft in Tumult und Aufruhr."

Sobald die Sonne aufgeht, unterstützen mich Martin und Rosa noch auf andere Weise, diszipliniert zu sein. Sie bestehen darauf, dass ich bei der Sache bleibe, zumindest was die Einhaltung des Fütterungsplans und die liebevolle Zuwendung zu den üblichen Zeiten angeht. So wie wir unsere kontemplative Routine in der morgendlichen Dunkelheit teilen, haben wir auch eine gemeinsame Übereinkunft, wann und wie wir jeden Morgen essen und gemeinsam das Fasten der Nacht brechen.

Wenn du mit Tieren lebst, weißt du, wie wichtig diese Art von Gemeinschaft sein kann, um gute Routinen und Gewohnheiten in deinem eigenen Leben aufrechtzuerhalten. Ich wäre nicht so treu im Gebet, in der Kontemplation und in geistlichen Übungen wie der Lectio Divina[4] ohne die ständigen Ermahnungen durch meine Katzen.

Als unser geliebter Hund Max vor zwei Jahren starb, wurde uns klar, dass er etwas Wichtiges zu unserer täglichen Routine und unserem geistigen Wohlbefinden beigetragen hatte. Nach Max' Tod hörten meine Frau und ich auf, jeden Morgen und Nachmittag ruhige und bewusste Spaziergänge zu machen. Normalerweise wacht meine Frau nach mir auf, und ein Teil ihrer Trauer über den Verlust von Max hatte damit zu tun, dass sie auch den Grund verloren hatte, warum sie morgens aufgestanden war. Ein wichtiger Teil ihrer Disziplin war mit Max plötzlich verschwunden.

Aber es geht um mehr als nur Beten, Essen und Spazierengehen. Ich finde an Martins und Rosas Anwesenheit in meinem Leben so hilfreich, dass sie mich ermutigen, auf Kurs zu bleiben, und mir zeigen, wie Disziplin im Kleinen meinen ganzen Tag zum Guten beeinflussen kann.

Eines meiner liebsten zeitgenössischen geistlichen Vorbilder ist Christine Valters Paintner, die sagt: „Bei der Ausübung einer spirituellen Übung geht es um mehr als nur um die Minuten, die wir damit verbringen. Es geht darum, wie sie auf das ganze Leben übergreift." Das morgendliche Gebet, das gute Essen und das achtsame Spazierengehen breiten sich in jedem Winkel meines Lebens aus und sorgen dafür, dass ich mich körperlich

---

4   Betendes Lesen der Bibel.

und seelisch wohlfühle und mein Glück und Wohlbefinden wachsen. Martin und Rosa verdeutlichen mir den Wert und die Priorität von Regelmäßigkeit. Sie sind Gewohnheitstiere und Routiniers, und sie lehren mich, wie ich das auch sein kann.

Nach Martins und Rosas erstem Geburtstag stellte ich fest, dass Martin übermäßig gestresst war, wenn er Hunger hatte. Wir ließen das Futter nicht mehr ständig draußen stehen, sondern setzten bestimmte Essenszeiten fest. Martin zeigte immer mehr die Anzeichen einer Katze, die durch diese Veränderung aus dem Gleichgewicht gekommen ist. Er wurde aggressiv, war nicht mehr spielfreudig und zeigte seinen Unmut sogar gelegentlich durch Markieren im Haus. Da er kastriert war, war es nicht so schlimm und relativ geruchsneutral, aber es war ein Zeichen dafür, dass er gestresst war.

Also beschloss ich, immer etwas Futter für ihn draußen zu lassen. Nur ein kleines bisschen. „Mach dir keine Sorgen!", wollte ich ihm damit sagen. Aber Martin ist auch sehr gut darin, Gewohnheiten und Muster zu entwickeln, und so weckte er mich auch nach dieser kleinen Veränderung noch monatelang um vier Uhr morgens, um gefüttert zu werden. (Mehr dazu im nächsten Kapitel.) Anfangs ging ich mit ihm die Treppe hinunter zu seinem Napf und rief etwas sarkastisch aus: „Siehst du, Martin?! Schau, da ist Futter!" Aber das war nicht genug. Monatelang musste ich immer wieder ein wenig zu dem bereits im Napf befindlichen Trockenfutter schütten, um dieses „Du wirst gefüttert"-Geräusch zu erzeugen, das Martin so beruhigend zu finden scheint. Dann fing er an zu fressen und ich konnte wieder ins Bett gehen.

Oder ich tat es nicht. Aufbleiben und wach bleiben sind für mich sehr gute Übungen. Ich war schon mönchisch veranlagt, bevor wir Katzen hatten, und während der Coronapandemie waren sie wie meine kleinen Mit-Mönche neben mir im Chor der Abtei, die mich ermutigten, das zu tun, was ich tun sollte und was ich wirklich tun will, anstatt all die anderen Wege zu gehen, auf denen ich vielleicht vom Kurs abkommen und meine Zeit verschwenden würde.

Der Kreislauf beginnt am nächsten Morgen wieder, und zwar jeden Morgen vor Sonnenaufgang, und ich stelle fest, dass er alles andere in meinem Leben nährt.

Ein Freund von mir, der Trappistenmönch Bruder Paul Quenon, hat ein Gedicht mit dem Titel „Watchman" (dt. „Wächter") verfasst. Darin beschreibt er diesen Geist der disziplinierten Aufmerksamkeit, die sich auf etwas so Unbestimmtes richtet wie das Beten in der Dunkelheit zu einem Gott, den wir nicht sehen können. Das Gedicht enthält Zeilen, in denen sich Bruder Paulus einen Gesprächspartner vorstellt, der ihn fragt, warum er etwas so scheinbar Kleines und Bedeutungsloses tut: „Was schaust du an? / Nichts." Darauf folgt: „Warum dann zusehen? / Ich habe noch nichts gefunden." Diese Zeilen bringen mich zum Schmunzeln, und sie erklären mit wenigen Worten so viel.

Bei der „Übung" in dem Begriff „spirituelle Übung" geht es darum, etwas täglich oder zumindest mit disziplinierter Regelmäßigkeit auszuüben. Wie gute Freunde und Partner gestatten mir Martin und Rosa nicht, undiszipliniert zu sein. Sie bestehen darauf, dass ich zu ihrem, aber auch zu meinem eigenen Wohl Aufmerksamkeit kultiviere, und dafür bin ich ihnen dankbar.

Gelebte Spiritualität ist selten ein Sprint. Sie ist eher wie eine ausgiebige, lange Wanderung.

Das wurde mir kürzlich klar, als ich an einem bitterkalten Tag vor unserem Haus in Milwaukee Schnee schaufelte. Ich mag Schnee, und ich schaufle sogar gern – bis zu einem gewissen Grad. Dies war nur der erste von zwei oder drei Besuchen auf dem Bürgersteig an diesem Tag, denn wir befanden uns inmitten eines Schneesturms über den Großen Seen.

> *Gelebte Spiritualität ist selten ein Sprint. Sie ist eher wie eine ausgiebige, lange Wanderung.*

Jeder, der schon einmal Schnee geschaufelt hat, weiß, dass sich der beiseite geschaufelte Schnee nach einigen Tagen immer mehr auftürmt, wenn es zwischen den Schneefällen nicht taut. Manchmal hat man sogar keinen Platz mehr, um den Schnee abzuladen. Wenn man ihn nicht weit genug wegwirft, fällt er zurück auf den Gehweg und verdoppelt die Arbeit.

Aus diesen Gründen (und als klar war, dass an diesem Tag noch mehr Schnee fallen würde, und die Haufen schon sehr hoch waren) warf ich an diesem Morgen den Schnee mit etwas mehr Schwung, weil ich wusste, dass mir das auf lange Sicht guttun würde. Während ich das tat, wurde mir klar: Im Grunde ist das wie ein Gebet. Meine jetzige Arbeit besteht darin, den Gehweg zu räumen, aber sie besteht auch darin, Platz für das zu schaffen, was bald kommen wird, um den Gehweg wieder zu füllen. Die Arbeit hört nie auf, aber eigentlich ist das zu negativ ausgedrückt. Meine jetzige gute Arbeit trägt dazu bei, meine gute Arbeit später zu ermöglichen.

Geistliche Übung

Ob nachts, nach Sonnenuntergang oder am frühen Morgen: Nimm dir diese Woche ein paar Minuten Zeit, setz dich in die Dunkelheit und schau, was du sehen kannst und was nicht. Sitz still. Hoffentlich findest du 15 oder 20 ununterbrochene Minuten, wo auch immer du dich befindest. Während du im Dunkeln sitzt, betrachte die Gegenstände im Haus und die Dinge draußen durch die Fenster. Betrachte sie genau, detailliert, einen nach dem anderen. Notier dir, was du siehst. Überleg dir dann, wie die Dinge im Dunkeln auf dich wirken. Welche Erkenntnisse kannst du mit in den Tag nehmen?

9.
WACH AUF

Als unsere Katzen ungefähr ein Jahr alt waren, gab es eine Phase, in der Martin mich einige Wochen lang regelmäßig zwischen drei und vier Uhr morgens aufweckte. Am Anfang war das ganz entzückend. Er wanderte in der Nacht in unserem Schlafzimmer ein und aus. Unsere Kätzchen waren verspielt, aber meistens ruhig. Manchmal nahm ich diese Aktivitäten am Rande meines Bewusstseins wahr, manchmal aber auch nicht. Das war in Ordnung.

Dann aber änderte sich Martins Verhalten. Und zwar sprang er mitten in der Nacht mit einem großen Satz auf das Bett. Er war kein kleines Kätzchen mehr. Zu diesem Zeitpunkt war er schon ein kleiner Athlet und wog vier Kilo. Und er versuchte auch nicht mehr, leise zu sein. Das Plumpsgeräusch seiner Landung allein reichte normalerweise schon aus, um mich aufzuschrecken, und ich glaube, er hatte das genau so geplant. Er wusste, dass ich einen relativ leichten Schlaf habe. Das war schon immer so, seit ich vor etwa dreißig Jahren Vater wurde. Doch Martin sprang nicht einfach mitten in der Nacht auf das Bett, um sich neben uns zu legen und zu schlafen. Das wäre noch in Ordnung gewesen.

In der Dunkelheit spürte ich, wie er direkt über mich hinwegmarschierte – normalerweise begann er an meinen Beinen und arbeitete sich an meiner Hüfte oder meinem Hinterteil hoch bis zum Kopf. Dort angekommen, hielt er für einen Moment inne. *Rührt sich der Mensch schon?* Wenn ich so tat, als würde ich es nicht bemerken, in der Hoffnung, dass er vielleicht bald wieder verschwinden würde, blieb Martin neben meinem Kopf stehen. Er setzte sich hin. Und schnurrte.

In den ersten Wochen machte mir Martins Verhalten ehrlich gesagt nicht so viel aus. Meistens war es ganz niedlich, und die Sonne ging sowieso bald danach auf. Ich genieße Martins Gesellschaft. Vielleicht habe ich schon erwähnt, dass ich seit drei Jahrzehnten Vater bin? Das bedeutet, dass ich schon sehr lange nicht mehr gut geschlafen habe, und das ist auch völlig in Ordnung. Ich habe mich daran gewöhnt, oft und früh aufzuwachen. Ich werde aus guten Gründen geweckt, und ich habe im Laufe der Jahre gelernt, die frühen Morgenstunden zu schätzen, anstatt sie zu fürchten und zu vermeiden.

Thich Nhat Hanh lehrt eine Lektion, die in den meisten religiösen Traditionen in der einen oder anderen Form bekannt ist, nämlich spirituelle Wahrheiten in unserer unmittelbaren Umgebung zu finden, genau dort, wo wir leben. Thich Nhat Hanh formuliert seine Lektion in Form einer Warnung:

> *„[D]er Schatz, den wir suchen, bleibt uns verborgen. Hört auf, wie der Mann im Lotus-Sutra zu sein, der überall auf*

der Welt nach dem Edelstein suchte, der bereits in seiner Tasche war. Komm zurück und empfange dein wahres Erbe. Such nicht außerhalb von dir selbst nach Glück. Lass die Vorstellung los, dass du es nicht hast. Es ist in dir."

Mein frühmorgendliches Aufwachen wurde für mich schon vor vielen Jahren zu einer Gelegenheit für einen Segen statt einer Quelle der Angst. Der Alltag ist voll von solchen Gelegenheiten, das, was auf den ersten Blick als Unannehmlichkeit erscheint, in eine Erkenntnis zu verwandeln – und oft in ein Geschenk.

Tatsächlich wecken mich die kleinsten Dinge immer wieder auf. Meine vier Kinder wussten immer, dass Papa derjenige ist, an den man sich mitten in der Nacht wendet, wenn man ein Problem hat. Mama ist normalerweise völlig weggetreten, aber Papa ist schnell wach. Wenn Martin mich also vor vier Uhr weckte, war ich höchstwahrscheinlich sowieso kurz davor, aufzuwachen. Das war okay. Aber als vier Uhr immer näher an drei Uhr heranrückte und dann sogar noch früher wurde, hatten wir ein Problem, das gelöst werden musste. Ganz so früh muss ich dann doch nicht mit der Nacht Wache halten.

Zunächst schien es Martin um das Fressen zu gehen. Er fühlte sich nicht gut, wenn sein Napf leer war, und er wollte nicht bis zum Morgengrauen warten, um ihn gefüllt zu sehen. Also begann ich, den Napf jeden Abend vor dem Schlafengehen zu füllen. Dann hätte der Kater sicher keinen Grund, mich auf diese Weise zu wecken. Aber er tat es trotzdem. Heute denke ich, dass er sich einfach langweilte und aus Erfahrung wusste, dass ich derjenige im Haus bin, der am frühesten auf ist. Das Komische war: Wenn ich dann wach war, mich aufsetzte und darüber nachdachte, was alles zu tun war und was die Prioritäten für den Morgen waren, legte Martin sich wieder schlafen und bevorzugte oft den warmen Teil unseres Bettes, von wo er mich aufgescheucht hatte.

Es kommt auf die Qualität unseres Wachseins an. Beim Aufwachen geht es nicht nur darum, die Augen aufzuschlagen, sich aufzusetzen, die Toilette zu benutzen, zu essen oder zu trinken – alles Dinge, die wir dann so tun, wenn wir aufstehen. Aufwachen bedeutet zu sagen: Hier bin ich. Vielleicht hört es niemand außer uns selbst, und doch liegt ein tiefer Sinn in unserer Bereitschaft.

Beim Aufwachen geht es auch um mehr als um uns selbst. Das Aufwachen bedeutet, dass wir unsere Aufmerksamkeit auf etwas außerhalb von uns selbst richten. In diesem Punkt sind sich die religiösen Traditionen einig. Die Christen werden sich an das Gleichnis von Jesus im Matthäusevangelium, Kapitel 25, erinnern, in dem

Aufwachen bedeutet zu sagen: Hier bin ich. Es liegt ein tiefer Sinn in unserer Bereitschaft zum Aufwachen.

die Menschen am Ende ihres Lebens wie Schafe von Böcken getrennt werden, je nachdem, was sie getan haben, um anderen Menschen zu helfen. Im Koran 19:94-96 findet sich etwas Ähnliches:

„Er hat sie erfaßt und genau aufgezählt. Und sie alle werden zu ihm am Tag der Auferstehung allein kommen. Denen, die

glauben und die guten Werke tun, wird der Erbarmer Liebe
bereiten."

Für viele sind die Tage vorbei, in denen sie an ein Leben nach
dem Tod, insbesondere an ein Leben mit göttlichen Belohnungen und Bestrafungen, geglaubt haben. Vielleicht ist das
Leben für sie nach dem Tod stattdessen eine schöne, karmi-
sche Interpretation der alten Idee von den Folgen nach dem
Tod; unser Interesse am Erwachen sollte von mehr als der
Erwartung eines Lebens nach dem Tod angetrieben werden.

Und damit sind wir wieder da, wo wir angefangen haben – es geht ums Aufwachen. Nicht das Hochschrecken in
der Nacht. Nicht das Aufwachen aus dem Schlaf. Sondern
um ein inneres Aufwachen unserer Herzen und unserer Seelen, das dem ähnelt, was unser Körper tut, wenn wir aus der
Nachtruhe aufstehen. Bei der zen-buddhistischen Idee des
Aufwachens geht es vor allem darum, den Bann des „Unech-
ten" zu brechen, das unser Leben wie ein Theaterstück erscheinen lässt, in dem wir die Hauptrolle spielen und von
dem wir glauben, dass andere zusehen. Leider führt das dazu,
dass wir tatsächlich nur eine Rolle spielen, anstatt zu sein, wer
wir sind. Die Zen-Lehrerin Bonnie Myotai Treace erklärt dies
sehr schön:

> *„Die meisten Menschen werden feststellen, dass ihre Selbst-*
> *darstellung wie ein Bann ist, der jedes Mal gebrochen wird,*
> *wenn sie sich auf echtes Dasein einlassen. Eine Alternative*
> *beginnt im Herz-Geist zu erwachen – ein Blick auf etwas*
> *Wahrhaftigeres, Ehrlicheres. Das Durchbrechen der Ego-*

*Trance, und sei es nur für einen Moment, erzeugt eine tief-
gehende Gelassenheit: Die Mühsal und Anspannung des ständigen Verstellens kann losgelassen werden, immer und immer
wieder."*

Also, wach mit mir auf. Und mit Martin.

Geistliche Übung

Bist du mit der jüdischen Praxis des Segnens (hebräisch: Bracha) vertraut? Ein solcher Segen ist etwas leicht anderes, als wir es aus dem christlichen Kontext kennen; es ist keine Bitte und auch kein guter Wunsch, sondern eher etwas zwischen einem Dank und der Anerkennung des Guten, der Schönheit, der Fülle, der Wahrheit und der Geschenke um uns her und dessen, der sie erschaffen hat. Und dieses Erkennen oder Anerkennen kann nur geschehen, wenn wir wach sind. Wir erkennen die Dinge am besten, wenn wir nicht nur unseren Verstand und unsere Lippen benutzen, sondern auch andere Sinne. Die Idee des Segnens besteht also darin, jeden Teil von uns zu wecken.

Nimm dir ein paar Minuten Zeit, um dich aufzusetzen oder aufzustehen. Öffne die Augen. Im Judentum beginnen die traditionellen Segenssprüche mit den Worten: „Baruch ata Adonai …", „Gepriesen (oder gesegnet) bist du, Gott …", gefolgt von der Nennung eines Aspekts des Guten, der Schönheit, der Fülle, der Wahrheit und der Geschenke, die wir in unserem Leben erkennen.

Du kannst Gott natürlich auch anders ansprechen. Es geht darum, ein paar der Segnungen anzuerkennen, die er dir schenkt.

10.
KOMM ZUR RUHE
UND SEI EINFACH DA

Wenn ich Rosa und Martin so ruhig, unbewegt und unbeteiligt neben mir sitzen sehe, würde ich mich gern so fühlen, wie ich annehme, dass sie sich fühlen. Ich würde mich gern einfach ab und zu so niederlassen, während sich meine Leidenschaften um mich herum zerstreuen und verteilen – wie eine Katze auf einer Couch. Oder zusammengerollt auf dem Boden. Oder auf einem unordentlichen Stapel auf meinem Schreibtisch. Oder irgendwo sonst. Wenn ich das von Zeit zu Zeit tun könnte, würde ich wohl ein mitfühlenderer, barmherzigerer Mensch werden.

Diese entspannte Ruhe, dieses buchstäbliche Mit-Gefühl-Sein, lerne ich unter anderem von Roshi Joan Halifax, die seit vielen Jahrzehnten zu den verborgenen Perlen der buddhistischen Weisheit in den Vereinigten Staaten gehört. Wenn du sie nicht kennst, möchte ich dich ermutigen, das bald nachzuholen. Sie hat eine neunminütige „Meditation über Mitgefühl" zur Verfügung gestellt, die eine Reihe von tiefgreifenden Loslass-Übungen enthält:

Am Anfang sagt sie: „Lass die äußeren Ablenkungen los." Immer wieder betont sie, dass man bei jedem Einatmen die Dinge abgeben soll, die einen ablenken, und bei jedem Ausatmen etwas mehr zulassen soll, sich zu entspannen.

„Erlaube dir, geerdet und präsent zu sein", sagt sie während dieser Atemarbeit. Und dann, wenn du bereit bist, „ruf dir deine Absicht ins Gedächtnis – der Grund, warum du eigentlich hier bist". Und dann höre in dich hinein und nimm wahr, welche Gefühle vorhanden sind.

Ich weiß nicht, was Rosa und Martin fühlen. Aber ich weiß, wie ich mich fühle, wenn sie mich in diesen Momenten ruhiger Anwesenheit ansehen. Da ist so ein Gefühl von Akzeptanz und Zuneigung zwischen uns. Ich wünschte, es gäbe mehr Menschen, die mich von Zeit zu Zeit auf diese Weise ansehen. Ich wünschte, ich wüsste, wie ich andere Menschen auf diese Weise ansehen kann.

Wir müssen uns regelmäßig Zeit nehmen, um einfach dazusitzen und zur Ruhe zu kommen, so wie Rosa und Martin es tun.

Aber wer weiß, was wirklich in ihnen vorgeht? „So oft stehen sie ganz still. Doch wenn ich ein paar Minuten später wieder aufschaue, sind sie an einem anderen Ort und stehen wieder ganz still. (…) Ihre Aufmerksamkeit ist vollkommen, wenn sie über die Straße zu uns blicken: Sie stehen still und schauen uns an. Gerade weil sie so still sind, scheint ihre innere Haltung philosophisch zu sein", schreibt Lydia Davis in ihrem schönen kleinen Buch über Kühe, die sie als weise Geschöpfe betrachtet. Aber ich denke, es ist mehr als das;

in ihrer Stille sind Tiere mehr als philosophisch. Sie haben die gleichen Eigenschaften wie jemand, der meditiert – auch wenn manche denken mögen, dass sie das nicht tun. Dazu sage ich einfach: „Woher willst du das wissen?" In der Meditation von Roshi Joan können wir gemeinsam innehalten.

„Nimm wahr, welche Gefühle vorhanden sind", sagt Roshi Joan. Ich weiß heute, dass ich mein Herz für jemanden öffnen muss. Ich werde die Person nicht beim Namen nennen und nur so viel sagen, dass mein Herz in den letzten Wochen vor jemandem verschlossen war. Ich reagiere mit Wut, wenn der Name dieser Person fällt, weil sie mich verletzt hat. Wahrscheinlich, weil auch sie verletzt wurde. Ich werde versuchen, sie auf eine neue Art und Weise zu betrachten, mit barmherzigen Augen und einem barmherzigen Herzen.

Zur Ruhe zu kommen und einfach da zu sein, bedeutet meiner Meinung nach, das zu tun, was nötig ist, um die Wahrheit zu erkennen. Unser Blick ist verzerrt, wenn wir uns ständig bewegen und abhetzen und an einen engen Zeitplan von Terminen und Leistungen halten. Wir müssen uns regelmäßig Zeit nehmen, um einfach dazusitzen und zur Ruhe zu kommen, so wie Rosa und Martin es tun. Setz dich einfach hin und – wie jeder gute Meditationslehrer dir sagen wird – erlaube dir, geerdet und präsent zu sein.

Wichtig ist es auch, diese Arbeit selbst zu tun. Es gibt Zeiten, in denen wir uns auf andere stützen können, und dann gibt es Zeiten, in denen es am besten ist, unseren eigenen Platz und unsere eigene Erdung zu finden. Laut dem Philosophen John Gray lehren Katzen uns unter anderem, ungesunde und dysfunktionale Beziehungen zu vermeiden. So wie eine Katze dich nicht zu brauchen scheint, um inneren Frieden und Zufriedenheit zu empfinden, so brauchst auch du keinen anderen Menschen, um inneren Frieden und Zufriedenheit zu finden. John Gray schreibt:

> *„Hüte dich vor dem, der dir anbietet, dich glücklich zu machen! Menschen, die versprechen, dich glücklich zu machen, tun dies, damit sie selbst weniger unglücklich sind. Dein Leid ist für sie notwendig, denn ohne dein Leid hätten sie weniger Grund zum Leben. Misstraue daher Menschen, die behaupten, dass sie für andere leben. "*

Aber Liebe zu geben und zu empfangen ist ein hohes Gut, das über das Angebot von Glück unter bestimmten Bedingungen hinausgeht. In ihrem Buch *Help, thanks, wow* schreibt Anne Lamott etwas Erstaunliches dazu: „Liebe bringt Menschen wieder auf die Beine. Aus verkohltem Boden wachsen neue Grashalme. Die Sonne geht auf." Wenn du einfach nur dasitzt, wirst du erkennen, was das Wesentliche in deinem Leben ist: das, was du hast, aber was du nicht in den Händen halten kannst. Und das wird dich zum Lächeln bringen.

Selbst wenn du gerade leidest – und das tun so viele –: Wenn du zur Ruhe kommst, einfach da bist und weißt, wer du im Grunde bist, nämlich vom Göttlichen geliebt und mit allem verbunden, wird tiefe Dankbarkeit in dir aufsteigen. Wie Bruder David Steindl-Rast lehrt: „Wenn wir nicht dankbar sind, dann werden wir nicht glücklich sein, egal, wie viel wir haben, weil wir immer etwas anderes oder mehr haben wollen."

In all den Momenten, in denen Martin und Rosa sich in tiefer Stille entspannen, werde ich daran erinnert, dass das Leben uns beschenkt und bestärkt. Durch Dankbarkeit werden wir daran erinnert, dass wir immer etwas über Zufriedenheit und das Ausharren lernen können.

Geistliche Übung

Ich habe ein paar Momente aus der Meditation von Roshi Joan Halifax weiter oben mit dir geteilt, und ich möchte dich ermutigen, dir heute einige Minuten „Mitgefühl" zu gönnen. Wenn du das tust, frag dich: Welche Gefühle sind präsent, wenn du einfach nur dasitzt und zur Ruhe kommst? Such dir dann einen Freund oder eine Freundin, mit dem oder der du darüber sprechen kannst, was es für dich bedeutet, zur Ruhe zu kommen und einfach da zu sein.

11.
LASS DICH NICHT ZÄHMEN

Weiter vorn im Buch haben wir uns eines der negativen Dinge angesehen, die Menschen manchmal über Katzen sagen, wenn sie sie mit Hunden vergleichen. Es gibt noch eine ganze Reihe anderer Dinge, die Menschen zum Vergleich heranziehen: dass Hunde nie von deiner Seite weichen. Dass sie treu sind und immer zu dir kommen, wenn du sie rufst, während deine Katze kommt und geht, wie es ihr gefällt. Dass Hunde „nützlicher" seien als Katzen. Es gibt schließlich Jagdhunde, Hütehunde, Suchhunde, Blindenhunde und Rettungshunde. Es gibt diese wunderschönen Schlittenhunde, die ihr eigenes Wohlbefinden opfern, um Menschen in arktischen Schneestürmen in Sicherheit zu bringen. Es scheint sie sogar glücklich zu machen, diese Herausforderung anzunehmen.

Wenn Menschen ihre „Hunde sind besser"-Aufzählungen auflisten, enden sie oft mit dem Satz, dass ein Hund der beste Freund des Menschen ist. Ein Hund, der gern spazieren geht oder rennt, der springt und ein Frisbee fängt oder der immer wieder ein in den See geworfenes Stöckchen apportiert, drückt eine Liebe zum Fleiß aus, die man bei einer durchschnittlichen Katze nicht findet.

Katzen können still und allein sein. Sie müssen nicht arbeiten und würden dich vermutlich nicht aus einem Schneesturm retten. Wenn sie nicht in irgendeiner Weise verletzt wurden, sind sie nicht nervös oder laut. Sie wissen, was sie wollen, und bringen diesen eigenen Willen zum Ausdruck. Versuch einmal, deiner Katze einige dieser äußerst nützlichen Dinge beizubringen, die Hunde tun. Du kannst sie bei ihrem Namen rufen, aber kommt sie daraufhin sofort gesprungen? Katzen kommen, wenn sie kommen wollen.

Wer die beiden Lebewesen vergleicht, wird zu dem Schluss kommen, dass Katzen sich nicht um das Wohlbefinden ihrer Menschen scheren. Sie interessieren sich nur für sich selbst. Hundemenschen sagen letztlich mit einer Art Triumph, dass man auf eine Katze nicht zählen kann.

Ich freue mich, wenn Menschen Liebe und Freundschaft bei einem Hundegefährten finden. Ich durfte das auch erleben und leide immer noch an dem Verlust unseres geliebten Hundes Max. Aber ich finde in Martin und Rosa eine tiefe Verbundenheit von einer anderen Art, die auch voller Liebe und Freundschaft ist.

Ich gebe zu, dass die Beziehung zu meinen Katzen anders ist als die zu meinen Hunden. Zunächst einmal ist es wahr, dass meine Katzen selten zu mir kommen, wenn ich sie rufe. Und ja, sie weichen von meiner Seite, jeden Tag und immer, wenn sie wollen. Sie führen keine Tricks vor und versuchen nicht, mir zu gefallen, so wie Max es früher getan hat. Katzen haben sich etwas Wildes bewahrt. Sie sind domestiziert, doch bleiben sie immer etwas ungezähmt.

Ich glaube, das ist der springende Punkt, warum manche Menschen sie nicht mögen. Jedes Mal, wenn sie in die Augen einer Katze schauen, werden sie an dieses Ungezähmtsein erinnert; manche fühlen sich dabei sogar unwohl. Die Pupillen der Katze können sich zu diesen winzigen Schlitzen zusammenziehen. Und manchmal schauen sie nicht weg. Sie starren. Und sie verfügen über ein drittes Augenlid.

Es gibt auch Katzengeräusche, die die Vorurteile der Menschen bestätigen. Zum Beispiel wurde das Schreien einer Katze lange Zeit mit dämonischer Besessenheit in Verbindung gebracht. Wenn eine Katze von einem anderen Tier verletzt wird oder sich wehtut, dann kreischt sie furchterregend – der Schmerz, den man in ihrer Stimme hört, kann ohrenbetäubend sein. Hunde jaulen und winseln unter ähnlichen Umständen eher auf eine Weise, die dem menschlichen Verhalten ähnelt. Wir haben immer mehr Mitgefühl mit dem, was uns an uns selbst erinnert.

Die meisten Hunde haben freundliche, offene, durch und durch zahme Augen. Als Max eingeschläfert werden musste (er hatte etwas Giftiges gefressen und eine Operation versprach keine Rettung), sahen meine Frau und ich in diese Augen und weinten.

Die Augen von Martin und Rosa sind anders. Sie haben keine Ähnlichkeit mit menschlichen Augen. Sie bleiben immer ein wenig geheimnisvoll. Sie sind nicht völlig zahm, und sie warten nicht darauf, uns jeden Wunsch von unseren Augen abzulesen. Das ist etwas, das ich an ihnen liebe. Martins Blick ist sehr intensiv, oder zumindest kann er es manchmal sein. Manchmal schaut er mich an, spitzt die Ohren und seine Pupillen füllen sich mit schwarzen Opalen, umrandet von Grün, die mir deutlich – nicht flehend, niemals bettelnd – mitteilen, dass ich jetzt gut aufpassen muss.

Wie ich bereits erwähnt habe, verstand und schätzte Franz von Assisi (auch Franziskus genannt) die Wildheit der Kreaturen und zog es vor, die Tiere ungezähmt zu belassen, anstatt sie zu domestizieren. Er wurde sogar berühmt dafür, dass er gefangene Vögel kaufte, um sie freizulassen. „Warum habt ihr euch einfangen lassen?", fragte er sie, bevor er sie freiließ. Wenn man ihm ein lebendes Kaninchen gab, damit die Mönche eine Mahlzeit zubereiten konnten, ließ er es laufen. Es gibt sogar eine bekannte Geschichte, in der er mit einem Wolf spricht und ihn bittet, niemanden zu verletzen, auch wenn Franziskus das Recht des Wolfes respektierte, wild und frei umherzustreifen.

Franziskus, der selbst ein wenig ungezähmt war, begann seine spirituelle Bewegung etwa zur gleichen Zeit, als der heilige Dominikus den Dominikanerorden gründete. Aber es ist auffallend, wie unterschiedlich er und Dominikus religiöse Autorität betrachteten. Franziskus schien den Ansatz zu verfolgen: „Lasst uns unser Bestes tun, um die religiösen Verantwortlichen nicht auf das aufmerksam zu machen, was wir zu tun versuchen." Dominikus hingegen reiste häufig nach Rom, bat für alles um Erlaubnis und suchte die Zustimmung der Bischöfe, der Kurie und des Papstes.

Franziskus war auch in anderer Hinsicht ungezähmt. Er trat zum Beispiel nicht in ein Kloster ein und gründete auch keins. Er mochte weder den Reichtum, den Klöster damals zur Schau stellten, noch die Sicherheit, die sie boten. Franziskus zog es vor, unter freiem Himmel oder in Höhlen zu schlafen, oder bat andere Menschen um einen Schlafplatz. In den Anfängen seiner spirituellen Bewegung schlief Franziskus zum Beispiel oft in Kirchen, so wie es heute vielleicht ein illegaler Einwanderer tun würde, der Asyl vor den Behörden sucht.

Vielleicht hast du schon einmal von dem japanischen Zen-Dichter Matsuo Bashō aus dem 17. Jahrhundert gehört? Auch er war ein zutiefst spiritueller, eigenwilliger Mensch, der eher einer Katze als einem Hund glich. Bashō, der wunderschöne Haiku schrieb, sagte einmal:

„Tritt nicht
in die Fußstapfen
der Alten.
Such das, was sie gesucht haben."

Es gibt einen Unterschied zwischen Gehorsam, der stillschweigend mitläuft, und Treue, die einen eigenen Weg findet. Letztere ist eher katzenartig.

Eine meiner Lieblingskatzen war Bowie-hena. Sie kam mit diesem hebräischen Namen zu uns. Wir adoptierten sie, als ihre Besitzer in einen anderen Bundesstaat ziehen mussten. Einer von Bowies Besitzern war Larry, der mit mir in dem kleinen Verlagshaus in Vermont arbeitete, das ich damals mit leitete. Ich sagte ihm, dass ich seine Katze gern zu uns nehmen würde.

Wir wohnten in einer Blockhütte am Rand eines Kiefern- und Eichenwaldes. Es war, gelinde gesagt, ziemlich rustikal.

Es gab Eulen und Wildkatzen, und manchmal hörte man das Heulen von Wölfen in der Nacht. Bowie hatte man die Krallen gezogen – etwas, das ich einer Katze niemals antun würde. Eigentlich sollte das niemand tun. Wer so etwas macht, um seine Möbel zu schützen, sollte vielleicht lieber einen Hamster oder einen Goldfisch halten. Katzen brauchen ihre Krallen, um sich verteidigen zu können, um sich sicher zu fühlen und um emotional und körperlich gesund zu sein.

Bowies Besitzer erzählten uns, dass ihre Katze noch nie außerhalb des Hauses gewesen sei. Als Bowie bei uns ankam, stürmte sie als Erstes aus der Tür, sobald diese weit genug geöffnet wurde. Wir rannten alle in den Wald, um sie zu finden und in Sicherheit zu bringen. Ich hatte schreckliche Angst, weil ich mir vorstellte, dass sie entweder den Weg nicht mehr zurückfinden oder von einem Tier angegriffen werden könnte – oder beides. Wir kämpften uns alle durch das Unterholz und konnten schließlich Bowie erfolgreich in die Enge treiben. Ich nahm sie auf meine Arme und brachte sie zurück ins Haus.

Ein paar Stunden später geschah dasselbe wieder, als jemand die Tür öffnete. Wieder rannten wir alle in den Wald, um Bowie zu suchen und nach ihr zu rufen. Es waren vier von uns nötig, um sie wieder einzufangen. Am nächsten Tag passierte es wieder. Und am übernächsten Tag auch. Schließlich sahen wir es ein und ich meinte: „Krallen hin oder her, Eulen hin oder her, diese Katze wurde geboren, um draußen zu sein. Ich glaube nicht, dass wir wirklich etwas daran ändern können. So ist sie nun einmal." Es stellte sich heraus, dass Bowiehena auf Hebräisch „Komm her" bedeutet. Larry, der Hebräisch spricht, wusste, was er tat, als er ihr diesen Namen gab.

Diese Katze lebte noch ein weiteres Jahrzehnt, in dem sie frei durch die Eingangstür zu unserer Hütte ein- und ausging, durch die Wälder streifte und erst viele Stunden später zurückkehrte. Sie war 15 Jahre alt, als sie nicht mehr jeden Tag nach draußen wollte (15 Jahre sind für eine domestizierte Katze ungefähr dasselbe wie 75 für dich und mich) und sich in den „Ruhestand" zurückzog, um eine reine Wohnungskatze zu sein.

Ihr Kommen und Gehen war herausfordernd. Ich war hin- und hergerissen zwischen ihrem Wunsch nach einem erfüllten Leben und dem Wissen, dass sie in freier Wildbahn aus ihrem ungezähmten Instinkt heraus Kleintiere töten würde, obwohl sie in der warmen Küche einen Napf mit Futter stehen hatte. Bowie war selten so schnell, dass sie gesunde Vögel erwischte, aber viele Wühlmäuse und andere kleine Nagetiere fanden irgendwo da draußen den Tod, wie die „Geschenke" zeigten, die sie auf unserer Veranda ablegte. Das tat mir leid. Dieses Verhalten ist der Grund, warum die alten Ägypter Katzen domestizierten und sie so hoch schätzten.

In Sachen Spiritualität können wir lernen, das Wilde und Unbekannte in uns selbst und in anderen Lebewesen zu schätzen und zu respektieren.

In Sachen Spiritualität können wir lernen, das Wilde und Unbekannte in uns selbst und in anderen Lebewesen zu schätzen und zu respektieren. Wir können die geheimnisvolle Präsenz, die in jedem von uns und in anderen Lebewesen steckt, besser verstehen und lieben, wenn wir diese Ungezähmtheit akzeptieren. Allzu oft überschätzen wir uns selbst und unsere Fähigkeiten, uns und unsere Welt unter „Kontrolle" halten zu können. Wir nehmen zu wenig Rücksicht auf die Wildheit anderer Geschöpfe. Viele rechtfertigen das mit einer Zeile aus dem 1. Buch Mose, wo Gott Adam und Eva sagt, dass sie über die anderen Geschöpfe „herrschen" sollen. Wie viele Probleme hat diese falsche Auslegung verursacht!

Michel de Montaigne, ein Schriftsteller der Renaissance, war der erste moderne Denker, der diese Haltung infrage stellte. In seinem längsten Essay schrieb er: „Kann man sich etwas Lächerlicheres vorstellen, als dass dieses erbärmliche und mickrige Geschöpf, das nicht einmal Herr seiner selbst ist und von allen Seiten Erschütterungen ausgesetzt ist, sich Meister und Herrscher des Universums nennt?" Er führt weiter aus, wie arrogant es von uns ist, wenn wir annehmen, dass wir „das einzige Geschöpf in diesem großen Bauwerk sind, das die Fähigkeit hat, die Schönheit und die Vielschichtigkeit zu erkennen, das einzige, das in der Lage ist, dem Architekten zu danken". Im weiteren Verlauf denkt Montaigne über die Möglichkeiten nach, die andere Lebewesen haben, insbesondere über seine eigene Katze: „Wenn ich mit meiner Katze spiele, weiß ich nicht, ob sie mich nicht mehr als Spielzeug betrachtet als ich sie?"

Wir möchten so gern alles verstehen und glauben, dass wir unsere Beziehungen und uns selbst klar sehen. Vor mehr als zwei Jahrzehnten wurde ein Buch veröffentlicht, in dem die Autorin behauptete, die Sprache der Katze entdeckt zu haben und beschreiben zu können: *How to Speak Cat: The Essential Primer of Cat Language* (dt. „Wie man mit Katzen spricht:

116

Ein Einstieg in die Sprache der Katzen"). Die Autorin schrieb darin beispielsweise über Personalpronomen, die Katzen benutzen, wobei sie zwei Gruppen gefunden zu haben glaubte, „eines für Katzen und eines für ‚Nicht-Katzen'".

Manchmal wollen wir zu viel und versuchen es zu sehr. Wir sind von der Liebe und der Leidenschaft für das, was wir lieben, motiviert, aber manchmal sollte ein Geheimnis – ein Rest Wildheit – unaufgelöst bleiben. Das erinnert mich an die Anekdote, die im apokryphen Bartholomäus-Evangelium erzählt wird (manchmal auch „Die Fragen des Bartholomäus" genannt). Die Apostel wollen Maria fragen, wie sie „den, der nicht getragen werden kann", getragen und „einen von solcher Größe zur Welt gebracht hat". Dann zögern sie aber, solche direkten, persönlichen Fragen zu stellen. Der große Petrus und der geliebte Johannes weigern sich, eine solche Frage auszusprechen, also übernimmt dies ganz mutig Bartholomäus. Maria antwortet: „Fragst du mich wirklich nach diesem Geheimnis? Wenn ich es euch erzähle, wird Feuer aus meinem Mund kommen und die ganze Welt in Brand setzen."

Wenn wir mit einer Spiritualität leben, die ein Stück Mysterium ist und einen Rest Wildheit besitzt, sollten wir dieses Feuer in uns selbst ehren, ob wir nun tierische oder menschliche Geschöpfe sind. Was wir in den Augen unserer Katzen sehen – ungezähmt und unerklärlich –, ist auch in uns. Und das ist gut so.

Geistliche Übung

Wir brauchen heute spirituelle Praktiken, die uns helfen, ungesunden, unreflektierten Gehorsam zu verlernen. Und um die Wildheit zu umarmen, die unsere Katzen kennen und die der heilige Franziskus verstanden hat. Für heute möchte ich eine einfache Übung vorschlagen, die wir alle machen können, wo immer wir sind. Ich nenne sie die „Spirituelle Praxis des Nein-Sagens". Probiere sie aus!

Denk einen Moment lang an eine Situation, in der du Ja gesagt hast, um jemandem zu gefallen, obwohl du wusstest, dass du Nein hättest sagen sollen. Erlebe diese Situation jetzt noch einmal in deiner Vorstellung. Wie hat sie ausgesehen? Wie hast du dich gefühlt? Nimm dir Zeit, um die Szene zu erkunden. Versetz dich nun erneut in diese Situation und sag dieses Mal Nein, wie du es beim ersten Mal hättest tun sollen. Und spüre den Unterschied in dir selbst: Wie fühlte es sich an, etwas gesagt zu haben, was aus deiner inneren Überzeugung kam und nicht aus Schuldgefühlen oder dem Gefühl heraus, jemandem gefallen zu wollen? (Gegebenenfalls kannst du sogar einen Brief schreiben oder eine Nachricht schicken oder einen Anruf tätigen, um die Szene wirklich noch einmal zu erleben und dieses Mal Nein zu sagen.)

12.
LERNE, PEINLICHE MOMENTE ZU ÜBERWINDEN

Eines Nachmittags bereiteten meine Frau, meine Tochter und ich in der Küche das Abendessen vor, als plötzlich von der Decke Wasser tropfte. Ein Tropfen landete auf meinem Kopf und eine Sekunde später einer auf dem Kopf meiner Tochter, und sie fragte: „Woher kommt das?" Wir schauten hoch und sahen ein Rinnsal, das sich um die Deckenleuchte in der Mitte der Küche sammelte, und irgendwie wusste meine Frau sofort, was los war. Sie verließ den Raum und rannte nach oben. Sima und ich folgten ihr dicht auf den Fersen.

Das Zimmer meiner Tochter liegt direkt über der Küche. Was wir sahen, als wir dort ankamen, übertraf alles, was ich mir vorgestellt hatte: Simas großes Aquarium war auf den Boden gefallen und lag auf der Seite. Das gesamte Wasser und der Inhalt waren ausgelaufen, einschließlich Simas Goldfisch, der hilflos auf dem Holzboden zappelte.

Dann sahen wir den Schurken Martin in der Ecke des Raumes hocken. Er hatte das getan, was angesichts des neugierigen Interesses, das er in letzter Zeit an dem glänzenden, lebhaften Fisch auf Simas Schreibtisch gezeigt hatte, nicht überraschend war.

Könnte Martin so weit gedacht haben, dass der Fisch, wenn er das schwere Aquarium vom Schreibtisch schubst, für eine hungrige Katze verfügbar wird? Ich bezweifle das, aber die Frage fasziniert mich trotzdem. Die Wahrheit ist: Als das Aquarium auf dem Boden aufschlug und eine kleine Katastrophe in unserem Haus verursachte, kam der Fisch tatsächlich in Martins Reichweite. Aber in dem Moment, als er uns drei in das Zimmer stürmen sah, rannte Martin hinaus. Wir sahen ihn mindestens zwei Stunden lang nicht wieder. Und das war gut so. Wir hatten etwas zu erledigen und einen Goldfisch zu reanimieren.

(Ein ähnliches Szenario spielte sich bei Drucklegung dieses Buches mit den beiden Rennmäusen meiner Tochter ab, wobei wir die eine im letzten Moment aus Martins Maul zerren konnten, aber das ist eine Geschichte für einen anderen Tag.)

Zweifellos besitzt eine Hauskatze eine Cleverness, die unter den Tieren, mit denen wir Menschen zusammenleben, einzigartig ist. Martin erinnert uns immer wieder daran. Diese Klugheit, gepaart mit den schon beschriebenen intensiv-geheimnisvollen Katzenaugen, ist auch der Grund, warum Katzen in Märchen selten sympathisch dargestellt werden. Denk nur an die Märchen, die man dir früher vorgelesen hat. In fast allen ist die Katze das Wesen, das sich auf jemand Kleineren stürzt. Die Katze ist diejenige, die von namenlosen bösen Absichten beherrscht ist, und ihre Möchtegern-Beute ist im Gegensatz dazu meist eine nachdenkliche und menschenähnliche Maus (oder Kaninchen, Vogel, Goldfisch).

Ich bin mit Tom-und-Jerry-Cartoons und Stuart Little aufgewachsen. Die Maus war immer das Elternteil oder das Geschwisterchen oder die Tante oder der Onkel oder das Kind, während die Katze ein bösartiger Einzelgänger war, der irgendwo im Keller lebte. Die Maus trug oft sogar menschliche Kleidung, fuhr ein Auto und artikulierte sich perfekt. Von den Märchen von Jacob und Wilhelm Grimm bis zu den italienischen und skandinavischen Volksmärchen hat unsere menschliche Vorstellungskraft die Katzen stets in bedrohliche Bestien verwandelt. Das ist vielleicht der Grund, warum ein Freund, als ich einmal etwas Positives über meine Katzen auf Twitter schrieb, antwortete: „Ich glaube, unsere Katzen würden uns auffressen, wenn sie das Gefühl hätten, sie könnten damit durchkommen."

Ein Beispiel dafür ist das Grimm'sche Märchen „Katze und Maus in Gesellschaft", die Nummer 2 von 139 in der Gesamtausgabe von Grimms Märchen in meinem Regal, mit einem Kommentar von Joseph Campbell. Es ist eine kurze Geschichte über eine Katze und eine Maus, die vereinbaren, gemeinsam ein Haus zu bauen und ihr Essen und ihre Vorräte zu teilen. Doch die Katze belügt die Maus immer wieder, geht oft allein aus und verschlingt in ihrer Abwesenheit das, was sie mit der Maus zu teilen versprochen hat. Als die Maus die Katze schließlich für ihre selbstsüchtigen Taten anklagt, endet die Geschichte damit, dass die Katze zur Maus springt, sie packt und hinunterschlingt. „Siehst du, so geht's in der Welt", ist das lakonische Schlusswort.

Aber eigentlich geht es nicht so in der Welt. Ich glaube, es geht nicht mal in der Welt der Katzen so.

Eine Katze leckt sich, wenn sie gestresst oder verlegen ist. Eine Sekunde später rennt sie wieder los, um weiterzuspielen. Psychologen nennen diese Verhaltensweisen „Übersprungshandlungen", und sie gehören zu den vielen Verhaltensweisen, die wir mit unseren katzenartigen Freunden gemeinsam haben. Ein paar Stunden nach unserem Goldfisch-Fiasko beobachtete ich, wie Martin zurück ins Wohnzimmer schlenderte, wo wir alle versammelt waren, auf die Couch hüpfte und sich putzte.

Wir Menschen sind da gar nicht so unähnlich. Denk mal daran, was du tust, wenn du verwirrt bist. Kratzt du dich am Kopf? Schaust du vielleicht nach oben oder nach links unten? Wir tun das ja nicht, weil man so gute Ideen bekommt, wenn man sich am Kopf kratzt oder den Blick abwendet. Das sind keine Verhaltensweisen, die wir als wirksame Werkzeuge zum Erkenntnisgewinn erlernt haben. Es sind vielmehr unwillkürliche Gesten der Bewältigung, des Innehaltens, des Überdenkens, vielleicht sogar des Vermeidens. Auch Katzen machen diese Übersprungshandlungen, um mit kleinen Peinlichkeiten umzugehen. Eine Pfote zu lecken und sie ein paar Mal in schneller Folge über das Gesicht zu führen, ist manchmal ein Zeichen dafür, dass Katzen einen unangenehmen Moment überbrücken müssen.

Manchmal frage ich mich bei den verschiedenen Methoden, mit denen man menschliche Persönlichkeitstypen bestimmen kann, ob sie wohl auch auf Katzen zutreffen. Daran denke ich jedes Mal, wenn ich mich mit Martin beschäftige und seine Mimik beobachte. Alle Katzen haben Gesichtsmuskeln und können das bewegen, was wir beim Menschen Augenbrauen nennen. Martin gehört zu den Katzen, die lange Tasthaare an diesen Augenbrauen haben. Sie wippen oft auf und ab, wenn ich mit ihm spreche. Zu Beginn des Buches habe ich angedeutet, dass ich gern mal das Enneagramm auf Martin und Rosa anwenden würde; nun, dieser Zeitpunkt ist gekommen. Ich kann nicht widerstehen.

Wir alle haben unsere eigenen Methoden, um mit Ängsten, Blamagen und Momenten des Unbehagens und der Unsicherheit umzugehen. Als ich vor Jahrzehnten einen unberechenbaren Choleriker als Chef hatte, gab es ein bestimmtes Paar Schuhe, in denen ich mich ein klein wenig selbstbewusster fühlte. Und wenn ich ahnte, dass ein Tag im Büro härter werden würde als sonst, zog ich diese Schuhe an. Wenn ich jetzt an diese Zeiten zurückdenke, weiß ich gar nicht mehr, warum ich nicht zu stärkeren Mitteln gegriffen habe. Warum habe ich den Job nicht einfach gekündigt? Aber ich habe getan, was ich glaubte, tun zu können oder tun zu müssen.

Martin ist wahrscheinlich eine Enneagramm-Acht. Eine Acht hat oft eine schwierige Kindheit hinter sich und ist dadurch „hart" geworden. Achter sind selbstbewusst, durchsetzungsfähig, manchmal konfrontativ und gelegentlich heldenhaft. Vielleicht ist in diesen ersten beiden Monaten seines Lebens etwas passiert, das dem kleinen Martin das Gefühl gab, er müsse einen gewissen Schmerz und eine Enttäuschung des ganzen Wurfs kompensieren.

In einem seiner Bücher über das Enneagramm erklärt Ian Cron eine Acht wie folgt:

„Viele Achter verdrängen die schmerzhaften Gefühle ihrer Vergangenheit und erschaffen eine starke Rolle, die allem standhält, was das Leben mit sich bringt. Einige überwinden Probleme zu Hause, indem sie in der Schule eine Führungsrolle übernehmen und für ihren Mut und ihre Entschlossenheit gelobt werden. Viele Achter-Kinder sind getrieben, aber nicht auf dieselbe Weise wie andere Typen: Sie wollen nicht für ihren Erfolg bewundert werden (wie Dreier) oder ihren inneren Perfektionismus befriedigen (wie Einser). Vielmehr glauben Achter, dass sie ‚überlebensgroß' sein und das Sagen haben müssen. Sie reden sich ein, dass sie die Welt erobern müssen, bevor sie sich gegen sie wendet und in das Chaos zerfällt, das sie oft in ihrer Kindheit erlebt haben."

Vielleicht ist es seltsam, bei Martin mögliche Schwierigkeiten in der Kindheit zu vermuten, da er erst mit drei Monaten zu uns kam. Doch sind drei Monate für ein Kätzchen ähnlich wie die ersten achtzehn Monate in der menschlichen Entwicklung. Da kann eine Menge passieren.

Martins Schwester Rosa hingegen ist vielleicht eine Enneagramm-Neun. Während Achten als Herausforderer bezeichnet werden, nennt man Neunen gewöhnlich Friedensstifter. Eine Neun ist angenehm und zurückhaltend. Eine Neun stellt keine Forderungen, sondern findet eher Wege der Einigung. Sie sind optimistische und hilfsbereite Wesen, können aber auch in eine Vermeidungshaltung geraten.

Ian Cron sagt über die Neun im Enneagramm:

„Neuner sind normalerweise die pflegeleichten Kinder, die sich alle Eltern wünschen. Sie werden als die ‚Lieblinge des Enneagramms' bezeichnet und können oft die besten Qualitäten der anderen acht Typen zur Geltung bringen, indem sie sich mit den Prioritäten und Meinungen anderer Menschen arrangieren. So können sie Konflikte vermeiden. Neuner scheinen intuitiv zu wissen, wie sie andere Menschen lesen und sich entsprechend anpassen können."

Meine Freunde würden dir sagen, dass ich Rosa oft so beschrieben habe: Sie ist ein Schatz. Sie gibt dem oft herausfordernden kleinen Napoleon in Martin Stabilität und sorgt für seinen Seelenfrieden. Sie ist die netteste Katze, die ich je hatte.

Die Entwicklung eines menschlichen Wesens geschieht unter anderem durch kleine Misserfolge wie alltägliche Peinlichkeiten. Katzen zeigen uns, wie man das macht. Experten erklären, dass Übersprungshandlungen zu einem ernsten Problem werden können, wenn sie sich zu zwanghaften Störungen entwickeln – „psychogene Alopezie" ist zum Beispiel so eine. Auf die Katze bezogen kann sich das eigentlich unnötige Lecken und Putzen bei viel Stress und nicht vorhandenen Lösungen zu einem Ausrupfen von Haaren auswachsen. Viele Menschen neigen dazu, ihre Haare um den Finger zu wickeln

Die Entwicklung eines menschlichen Wesens geschieht unter anderem durch kleine Misserfolge wie alltägliche Peinlichkeiten. Katzen zeigen uns, wie man das macht.

oder Ähnliches, wenn sie gestresst sind, und auch das kann sich zum Ausreißen von einzelnen Haaren oder ganzen Strähnen entwickeln. Wenn dies geschieht, ist die Botschaft an den Katzenbesitzer dieselbe wie an den Menschen, für den die Übersprungshandlungen zwanghaft werden: Du brauchst Hilfe und Unterstützung, um der Sache auf den Grund zu gehen.

Die katholische Schutzheilige der Peinlichkeit ist die wenig bekannte Wiborada, eine Schweizer Nonne aus dem 9. Jahrhundert. Sie war mit lateinischen Gebeten und theologischen Texten vertraut und wurde eines Tages eines Fehlverhaltens beschuldigt – wir wissen nicht genau, welches es war. Und wie es manchmal im Mittelalter vorkam, wurde sie zur „Feuerprobe" verurteilt. Sie wurde also gezwungen, eine kurze Strecke über heiße Kohlen zu laufen, und freigesprochen, falls sie ihren Lauf überlebte und nur wenige Verletzungen erlitt. Offenbar gelang es ihr, aber es heißt, dass die Peinlichkeit dessen, was sie getan oder nicht getan hatte, sie so sehr verletzte, dass sie das Kloster verließ. Sie zog sich zurück und wurde eine extreme Einsiedlerin, auch „Inklusin" genannt.

Ein Katholik kann aus dieser Art von Heiligenanekdote die Lehre ziehen, dass es eine heilige Person gibt, die uns in unseren Sorgen und Problemen vorausgegangen ist und die wir um Hilfe vom Himmel bitten können, wenn auch wir vor ähnlichen Schwierigkeiten stehen. Ich aber denke eher an Martin, der sich beim Anblick des schwimmenden Goldfisches die Lippen leckte, das Aquarium umschubste, sich auf frischer Tat ertappen ließ, in ein anderes Zimmer flüchtete und dann zwei Stunden später ganz nonchalant auf der

Couch neben mir auftauchte, mit einer nur leicht peinlich berührten Pfote im Gesicht. Er hat sich rasch erholt. Wir haben weitergemacht. Das ist meiner Meinung nach wieder ein Beispiel dafür, dass es einen Teil von uns gibt, der sich nur entfaltet, wenn wir einem anderen Tier begegnen und von ihm lernen.

Geistliche Übung

In Kapitel 4 haben wir uns mit einer Übung beschäftigt, auf die ich in diesem Kapitel zurückkommen möchte. Es handelt sich um eine geistliche Fähigkeit, die heute viel zu selten anzutreffen ist: Mach dich heute ein bisschen lächerlich. Vielleicht schaust du dir die religiösen Traditionen an – insbesondere den Buddhismus, den Katholizismus und die östliche Orthodoxie –, in denen es oft um „heilige Narren" geht und um die Art und Weise, wie sie die Bedeutungslosigkeit der Großen und Mächtigen der Welt verdeutlichen, indem sie etwas ganz anderes anstreben. Schau dir deine Katze an, wie sie vom Ort ihrer Blamage wegrennt, sich übersprungsmäßig putzt und dann ganz leicht einen Weg zurück zum inneren Frieden findet.

Übe dich in peinlichen Momenten, um sie weniger ernst zu nehmen. Aber es ist wichtig, dass du deine alberne, seltsame, peinliche oder schräge Übung so machst, dass du wirklich keine positive Aufmerksamkeit auf dich ziehst. So richtig peinlich wäre es wohl nicht, wenn du einen albernen Hut tragen würdest; der Hut würde wahrscheinlich nur zu deinem Ruf als lustige Person beitragen. Hier geht es darum, die Leute wirklich zu verwirren: Warum ist sein Haar so durcheinander? Warum sitzt sie auf dem Bürgersteig? Und dann finde dein katzenhaftes inneres Gleichgewicht wieder.

13.
SCHAU GENAUER HIN

Wenn du Katzen als Haustiere hast, ist dir sicher schon aufgefallen, wie intensiv sie sich auf dich konzentrieren können. Auf jeden Fall vor den Mahlzeiten und auch zu den Zeiten, in denen sie berührt und beachtet werden möchten. Sie folgen dir mit ihren Blicken; sie schauen dir in die Augen; sie reiben sich an dir; sie setzen sich auf alles, was du in diesem Moment zu tun versuchst. Kurzum, sie tun alles, was sie können, um mit dir zu kommunizieren.

Wie ich bereits in einem früheren Kapitel erwähnt habe, knabbert Martin die Lampenschirme in unserem Wohnzimmer an, wenn er hungrig ist. Wenn ich arbeite, springt Martin auf meinen Schreibtisch, starrt mich an und will mich damit von meiner Arbeit abhalten. Wenn das nicht klappt, stupst er mich an oder stößt Dinge in den Regalen hinter mir um. Martin wirft immer wieder dieselben Dinge um, und zwar jedes Mal aufs Neue. Er weiß, dass ich dann aufmerke: „Hey, das ist Martin, und er braucht etwas!" Rosa macht es genauso. Jetzt gerade liegt sie auf meinen beiden Armen, während ich versuche, auf die Tasten des Computers zu tippen.

Wenn mein Blick zu lange auf dem Bildschirm verweilt, streckt sie eine Pfote in die Luft, um meine Aufmerksamkeit zu erregen: „Sieh mich an!"

Ich würde gern wissen, was sie denken. Was geht in ihren Köpfen vor? Denken sie über uns nach? Was wissen sie über uns – unsere Gewohnheiten, unsere Verhaltensweisen, vielleicht auch unsere Emotionen, wenn diese ihre tägliche Routine spürbar stören?

Man hört zwar oft von Hunden, die so eng mit ihren Besitzern verbunden sind, dass sie eine Krankheit in ihnen spüren oder eine Gefahr sehen, die sich ihnen nähert, aber wir wissen, dass Katzen das auch tun. Es ist weniger häufig und weniger offensichtlich, zum Teil weil Katzen seltener an der Seite ihrer Menschen sind und ihre Gefühle weniger offen zur Schau stellen. Aber Katzen haben einen ausgeprägten Geruchssinn und wissen oft, wenn es bei ihren Menschen eine chemische oder hormonelle Veränderung gibt. Das wird zum Beispiel an dem Kater Oscar deutlich, der vor zwei Jahrzehnten in einem Pflegeheim in Rhode Island lebte und dessen Geschichte im *New England Journal of Medicine* veröffentlicht wurde. Den Mitarbeitern des Pflegeheims fiel auf, dass Oscar seine Zeit und Aufmerksamkeit bevorzugt bestimmten Bewohnern widmete – Bewohnern, die schwer krank waren und bald darauf starben. Nachforschungen ergaben, dass Oscar auf die Betten derjenigen sprang, von denen er irgendwie wusste, dass sie dem Tod nahe waren, und sich in ihren letzten Tagen und Momenten zu ihnen setzte. Oscar verfügte über eine besondere olfaktorische Intuition, und wahrscheinlich nahm er auch die Gesichter der Menschen und ihre subtilen Veränderungen in der letzten Etappe des Lebens wahr.

Es gibt Anekdoten über Katzen, die hohen Blutdruck bei Menschen wahrnehmen und sie durch Schnurren warnen. Es wird auch behauptet, dass Katzen ebenso wie Hunde Krebs riechen können. Onkologen haben bestätigt, dass Krebs tatsächlich einen Geruch hat, wie man Artikeln in mehreren medizinischen Fachzeitschriften entnehmen kann.

Katzen bewahren ihre Menschen manchmal vor Unheil. Ich denke da an eine Katze in Japan, die vor ein paar Jahren in einem Video zu sehen war, das viral ging. Die Katze wurde von einer Überwachungskamera gefilmt und sprang auf, als sie sah, wie ein Kleinkind auf eine Treppe zukrabbelte. Immer, wenn das Kind in diese gefährliche Richtung wollte, stellte sich die Katze vor das Kind und schubste es zurück, erst sanft, dann heftig, bis das Kind den Versuch aufgab, sich der Treppe weiter zu nähern. (Ja, man fragt sich: Wo waren die Eltern?)

Unsere Katzen schauen uns nicht nur dann eindringlich an, wenn sie hungrig sind. Sie sind oft auf eine Weise aufmerksam, wie wir es selten sind. Sie können sich extrem lange auf etwas konzentrieren, achten auf kleinste Veränderungen und ahnen manchmal sogar Dinge voraus. Ich staune über das, was sie sehen können – vor allem, weil ich weiß, dass ihre Sehkraft anders ist als unsere. Katzen sind kurzsichtiger als wir, und sie können Farben nicht so gut erkennen wie wir. Nachts sehen sie dafür besser als wir. Das „Tapetum lucidum", eine dünne Gewebeschicht hinter der Netzhaut, ist wie ein Spiegel, der das Licht in den Augen der Katze reflektiert.

Deshalb leuchten die Augen von Katzen, wenn sie nachts angestrahlt werden, auf so unheimliche Weise. Aber tagsüber ist ihre Sehkraft fast zehnmal schlechter als unsere. Umso erstaunter bin ich, wenn sie Vögel, Eichhörnchen oder Käfer vor dem Fenster beobachten – sie bemerken Details, die ich nicht sehe, und konzentrieren sich auf Dinge, lange nachdem ich weitergegangen bin.

Meine Sicht – sowohl die Sehkraft als auch die Einsicht – ist oft zerstreut. Ich hüpfe von einer Sache zur anderen und vergesse, was ich vor einer Minute gesehen habe. Meine Aufmerksamkeitsspanne ist wie die einer Motte ohne Lampe. Deshalb brauche ich Lehrer wie Thich Nhat Hanh, der vor allem die Kultivierung der Achtsamkeit lehrt. Ich erinnere mich an einen seiner Vorträge in Vermont. Er sprach fünf Minuten lang darüber, wie man achtsam für das wird, was in einem selbst, durch einen selbst, mit einem selbst ... auf der Toilette geschieht. Damals habe ich darüber gelacht, und ich werde jetzt auch nicht darüber schreiben, denn ich weiß, dass ich keine geistlichen Lektionen von Martin und Rosa im Katzenklo gelernt habe. Aber seit diesem Vortrag versuche ich, meine eigenen Fähigkeiten der Aufmerksamkeit und Achtsamkeit zu entwickeln. Man kann die Dinge sehen, und dann gibt es eine Art, in die Dinge *hinein*zusehen.

Thay pflegte zu sagen: „Wenn wir lernen, unseren Geist zu beruhigen, damit wir tief in die wahre Natur der Dinge blicken können, gelangen wir nach und nach zu einem reichen Verständnis, das alle Sorgen und Ängste auflöst und zu Akzeptanz und Liebe führt."

Die meiste Zeit meines Lebens habe ich es versäumt, der Welt um mich herum, den Menschen in meinem Leben und dem Geist, der mich zu inspirieren versucht, hinreichend Aufmerksamkeit zu schenken. Ich bin damit nicht allein. Viele Menschen haben damit Schwierigkeiten. Erst in meinen Vierzigern kam es zu einer Veränderung. Die Mystiker vieler religiöser Traditionen weisen auch darauf hin, dass es Reife und Wachstum braucht, bis man beginnt, in die Dinge hineinzusehen. Ich konnte nicht tief sehen und kann es immer noch nicht, ohne vorher meine Verpflichtungen und meinen Wunsch loszulassen, etwas zu erreichen (der im jungen Erwachsenenalter noch viel stärker in mir war).

In einem der Sabbat-Gedichte von Wendell Berry aus dem Jahr 1979, das mir schon immer sehr gefallen hat, geht der Autor unter Bäume, um „still zu sitzen". Dann und dort „verstummen all meine Regungen", wie er es ausdrückt. Und erst dann beginnt er, klar zu sehen. Man kann nicht ständig damit beschäftigt sein, seinen Wert und seine persönliche Leistungsfähigkeit unter Beweis zu stellen, und gleichzeitig wirklich tief in die wahre Natur der Dinge blicken. Eins davon muss man loslassen.

Man kann nicht ständig damit beschäftigt sein, seinen Wert und seine persönliche Leistungsfähigkeit unter Beweis zu stellen, und gleichzeitig wirklich tief in die wahre Natur der Dinge blicken. Eins davon muss man loslassen.

Und etwas muss verstanden werden, um zu glauben (und mit glauben meine ich, so zu leben, als ob). Das drückt die

Dichterin Mary Oliver mit so einfachen und schönen Worten aus:

Es ist eine ernste Sache nur am Leben zu sein.

Ich beneide die Katzen, die nicht versuchen, mich oder einander zu beeindrucken, und die die Welt mit einer ganz schlichten Intensität sehen können – sie sind einfach lebendig. Sie können sich auf kleine Details konzentrieren und sie in sich aufnehmen, buchstäblich ohne mit der Wimper zu zucken, und dann können sie genauso leicht und frei wieder zum Schlafen oder Schnurren übergehen. Sie bringen auch mich dazu, innezuhalten und hinzuschauen – manchmal auf sie, häufiger aber auf die Details meines Lebens, die mir sonst entgehen würden.

Als ich in meinen Zwanzigern und Dreißigern war, habe ich mich dafür gerechtfertigt, dass ich keine Zeit hatte, die Dinge zu sehen: Es gab zu viel zu tun. Jetzt hoffe ich, dass es nicht zu spät ist, umzukehren. Ich wünsche mir diese Art von Aufmerksamkeit, diese Art von Freiheit, in der „all meine Regungen verstummen".

Geistliche Übung

Unsere heutige Übung stammt aus Annie Dillards 1974 erschienenem Essay-Klassiker Pilgrim at Tinker Creek:

> „Als ich sechs oder sieben Jahre alt war, nahm ich immer einen wertvollen Penny aus meiner Spardose mit und versteckte ihn, damit ihn jemand anderes fand. Das war ein merkwürdiger Zwang, der mich seither leider nie wieder gepackt hat. Aus irgendeinem Grund 'versteckte' ich den Penny immer an demselben Abschnitt des Bürgersteigs entlang der Straße. Ich verbarg ihn zum Beispiel an den Wurzeln einer Platane oder in einem Loch, das ein abgebrochenes Stück Asphalt hinterlassen hatte. Dann nahm ich Kreide und zeichnete große Pfeile auf den Bürgersteig, die aus beiden Richtungen zu dem Penny führten. Nachdem ich gelernt hatte zu schreiben, beschriftete ich die Pfeile: ÜBERRASCHUNG VORAUS! oder GELD? HIER ENTLANG."

Annie Dillard hinterließ den Penny in der Hoffnung, dass jemand vorbeikam, genau hinsah und sich dann über die Entdeckung freute. Sie fügt hinzu: „Es gibt viel zu sehen ... Die Welt ist voller Pennys, die von einer großzügigen Hand verstreut wurden. Aber – und das ist der springende Punkt – wer lässt sich schon von einem bloßen Penny begeistern?"

Überleg dir, wie du einen anonymen Hinweis auf einen kleinen, glänzenden Schatz in der Welt von heute für Menschen hinterlassen könntest, die Ehrfurcht, Staunen und neue Entdeckungen brauchen. Sei kreativ.

14.
GLAUB DARAN,
DASS DU GELIEBT BIST

Während der Coronapandemie wurde ich aufmerksamer für meine Umgebung – und auch wütender. Ich vermute, dass diese beiden Faktoren nach dem Prinzip von Ursache und Wirkung miteinander verknüpft waren. Meine anfängliche Reaktion auf Veränderungen ist oft nicht positiv, und das wirkte sich zunächst einmal negativ auf mich aus. Dann kamen all die Veränderungen, die die Pandemie selbst mit sich brachte – Isolation, Krankheit, Tod von Freunden, Immobilität, Klaustrophobie. Aber in dieser Zeit und durch diese Zeit habe ich Gott täglich für Martin und Rosa gedankt.

Sie halfen mir in diesen schwierigen Jahren. Sie zeigten mir einen Weg zur Dankbarkeit: Ich wurde dankbar dafür, dass ich geliebte Menschen in der Nähe hatte, dass ich den Sonnenschein auf meiner Haut spürte – auch wenn ich teilweise nicht hinauskonnte –, dass ich Vogelgezwitscher hörte und dass ich lernte, besser mit meinen Augen zu kommunizieren, weil der Rest meines Gesichts hinter den zu der Zeit allgegenwärtigen Pandemiemasken versteckt war.

Die Liebe ist im Boden unter unseren Füßen verwurzelt und umgibt uns wie der Wind und der Himmel. Es gibt nichts, womit wir das verdient hätten – es ist Teil unserer Geschöpflichkeit, und meine Katzen erinnern mich daran.

Auf ähnliche Weise tut dies auch die Lyrikerin Joy Harjo von den Muskogee (auch Creek genannt). In ihren Memoiren erzählt sie diese Geschichte:

> *„Es gab eine Navajo-Frau, die weit draußen im Reservat in einem Hogan lebte, dem traditionellen Haus der dortigen Ureinwohner. Sie war rechtschaffen, betete morgens immer, hütete ihre Schafe und wurde von ihren Nachbarn geliebt und geachtet. Außerdem war sie blind. Eines Tages wurde sie von den Heiligen besucht. Als sich ihre Hütte mit der mächtigen Präsenz der Heiligkeit füllte, sagten ihr die Heiligen, die sie überragten, dass sie gekommen seien, um die Menschen zu warnen: Wir nähern uns einer Zeit, in der wir Veränderungen an unserer Erde, Hungersnöte und Unruhen erleben werden, weil die Menschen die ursprünglichen Lehren vergessen haben."*

Wir befinden uns jetzt in dieser Zeit. Wenn du dies liest, haben wir vielleicht wieder gelernt, menschlich zu sein.

Um menschlich zu sein, deine Dankbarkeit in dieser Liebe zu verorten und neue Wege zu entdecken, wie du gut mit der Erde umgehen kannst, könntest du vor Sonnenaufgang aufwachen und deine Dankbarkeit mit der Sonne aufsteigen lassen, um dich an die „ursprünglichen Lehren" zu erinnern. Wenn ich dies tue, ist fast immer eine Katze in der Nähe. Die

Geschöpfe der Erde begleiten mich. Sie sind immer vor mir wach und erscheinen plötzlich, wenn ich aus dem Schlafzimmer komme. Rosa begrüßt mich mit einem Gesichtsausdruck, der fast eine Nachahmung menschlicher Mimik zu sein scheint. Sie blickt zu mir auf und sagt so etwas wie „Brrrf". Also „brrrfe" ich zurück und stelle mir vor, dass sie versteht: Ihr Versuch, mit mir zu kommunizieren, war durchaus erfolgreich.

Die Liebe ist im Boden unter unseren Füßen verwurzelt und umgibt uns wie der Wind und der Himmel. Es gibt nichts, womit wir das verdient hätten – es ist Teil unserer Geschöpflichkeit.

Unsere Katzen sprechen gerne mit uns, wenn wir die Geduld haben, zuzuhören und zu antworten. Das Gleiche gilt für die übrigen Lebewesen und die Erde selbst. Ob wir ihre Sprache nun vollständig verstehen oder nicht, sie scheinen auch den Versuch zu schätzen. Nach zwei Jahren, in denen wir unsere Kommunikationsfähigkeiten aufgebaut haben, meistern Rosa und ich nun verschiedene Arten des verbalen Austauschs, wobei unsere Augen immer aufeinander gerichtet bleiben.

Manchmal ist es auch kein Austausch. Unsere Katzen hören gern zu, wenn wir reden. Die meisten von ihnen mögen nicht so gern Lärm. Deshalb suchen sie sich einen Schlafplatz weit weg vom weinenden Kind im Schlafzimmer oder vom Hund, der in der Wohnung nebenan bellt. Rosa zum Beispiel ist gern bei meiner Tochter in ihrem Zimmer, aber nicht, wenn die Wüstenrennmäuse lautstark in ihrem Rad rennen. Dann macht sich Rosa aus dem Staub. Aber alle Katzen genießen den Klang der Stimmen ihrer Menschen, wenn sie sanft mit ihnen reden. Die alltäglichen Klänge in ihrem Zuhause.

Wenn wir abends im Wohnzimmer sind, sitzen Rosa und Martin auch oft dort. Da meine Frau Rabbinerin ist, haben wir am Samstagmorgen eine wöchentliche Torastunde in einem Raum im Erdgeschoss, der zur Straße hin liegt. Martin ist immer dabei, entweder liegt er auf einem Stuhl oder auf dem Teppich in der Mitte. Er hört erst zu, dann schläft er inmitten der singenden und sprechenden Menschen ein. Wie viele Katzenbesitzer bestätigen werden, stehen Katzen oft auf und kommen zu uns, wenn wir an einem ruhigen Nachmittag zu Hause einen unerwarteten Anruf entgegennehmen. Die Katze mag es, uns reden zu hören, und in diesen Momenten, in denen die Stille plötzlich unterbrochen wird, geht sie wohl davon aus, dass wir mit ihr reden. (Oder zumindest, dass wir mit ihr reden *sollten*!)

Ich habe deshalb aus dem Gespräch mit meinen Katzen eine Gewohnheit und irgendwie auch eine geistliche Übung gemacht. Auch Berührungen sind eine Möglichkeit, Liebe auszudrücken und zu empfangen. Wie gesagt ist das Schnurren zumindest eine Geste der Zufriedenheit und vielleicht sogar ein Ausdruck der Zuneigung und Liebe. Martin reibt sich an meinen Beinen, schnurrt und bittet darum, gestreichelt zu werden. Und ich mag es, so gebeten zu werden! Ich schenke ihm die Aufmerksamkeit, die er sich wünscht, und meine Liebe ist in diesen Momenten nicht selbstlos; sein Schnurren und der glückliche Ausdruck in seinem haarigen Gesicht sagen mir, dass ich ihm die Liebe gebe, die er in diesem Moment braucht. Ich bin sein Kanal für die Liebe, die uns umgibt. Sie beruht auf Gegenseitigkeit.

Oft hebe ich Martin auf meine Schulter und halte ihn dort mit einem Arm fest. Er scheint sich in dieser Position mehrere Minuten lang sehr wohlzufühlen. Wir gehen so durchs Haus. Es gefällt ihm scheinbar, dort wie ein Prinz zu sitzen, und ich mag es, sein Schnurren noch näher an meinem Ohr zu hören. Ich rede, während wir spazieren gehen. Er schnurrt und schmiegt sich an meinen Hals. Das ist seine Art, mit mir zu kommunizieren. Manchmal drücke ich ihn dann für eine Minute an meine Brust, um sein Schnurren wie einen eigenen Herzschlag zu spüren.

Was ist das, wenn nicht eine Form des Mystizismus?

Ich habe ein tiefes Gefühl von Gottes Gegenwart in meinem Leben, das in Gnade, Liebe und Dankbarkeit verwurzelt ist und selten erklärt oder laut ausgesprochen werden muss. Diese mystischen Gefühle sind nicht ekstatisch, und sie führen nicht zu Visionen oder geheimen Botschaften. Aber sie erfüllen mich in einer Weise, die hoffentlich dazu führt, dass ich anderen durch mein Handeln in der Welt Gnade, Liebe und Dankbarkeit zeige.

Im Vorwort zu diesem Buch erwähnte ich ein Beispiel dafür, dass ich mit meinen Katzen gelegentlich leichtfüßiger glücklich bin als mit meinen Kindern; ihre Hingabe ist in der Regel bedingungslos. Dann sprach ich in einem der Kapitel von etwas, das viele Katzenliebhaber ebenfalls verstehen werden: dass wir oft in der Lage sind, die Wünsche unserer Katzen im wahrsten Sinne des Wortes zu begreifen und zu ihrer Zufriedenheit zu erfüllen, besser als wir es bei den Menschen können, die wir ebenfalls lieben. Hierfür noch ein letztes Beispiel: Die Zuneigung meiner Katzen zu mir lässt nicht nach, wenn sie erwachsen werden. Ihre Verbundenheit mit mir ebbt nicht ab und verstärkt sich wieder wie die eines Menschen zu seinen Eltern im Laufe seiner Entwicklung. Ich habe oft nach einem oder zwei Bier im Gespräch mit anderen Eltern von Teenagern gesagt: „Wenn man darüber nachdenkt, ist es unsere Aufgabe, uns in ihrem Leben irrelevant zu machen. Wenn wir sie gut erziehen, lassen sie uns irgendwann fast völlig hinter sich. Sie brauchen uns nicht mehr. Manchmal fühle ich mich dann belohnt. Manchmal fühlt es sich aber auch so an, als wäre das alles sinnlos gewesen."

Bei meinen Katzen ist das anders. Während ich diese Zeilen schreibe, liegt Martin auf meinen ausgestreckten Beinen. Er ist (in Katzenjahren) bereits so alt wie ein sechzehnjähriger Junge. Als mein Sohn Joe so alt war, hatte er kein großes Interesse an mir. Seine Welt bestand aus seinen Freunden und seinem wachsenden Ehrgeiz, seine eigene Stimme und seinen eigenen Weg in dieser Welt zu finden. Er wurde zum Mann, und seine Bindung zu mir veränderte sich. Bei Martin ist das nicht der Fall. Mir ist klar, dass Martin sich aus Gründen, die am einfachsten biologisch zu erklären sind, oder aus erlerntem Verhalten an mich bindet. Mit anderen Worten: Ich füttere ihn und streichle ihn, also bin ich der Ersatz für seine Mutter, die ihn zuerst gefüttert und in die Welt geliebt hat. Das ist für mich in Ordnung. Ich habe mich für diesen Job entschieden, ich liebe ihn, und die Beziehung nährt auch mich. Anders als meine menschlichen Kinder werden meine Katzen nicht erwachsen und nabeln sich ab. Martin und ich werden so eng miteinander sein, bis er alt ist, sogar älter als ich.

Ein Hund schaut dich oft treu an, aber eine Katze, die du streichelst, schaut dich mit Liebe an. Besonders Rosa und ich schauen uns oft auf diese Weise an, weil wir wissen, dass wir uns gegenseitig mit Zuneigung erfüllen.

Eine aktuelle Studie von Professor Paul Zak von der Universität Claremont Graduate in Kalifornien hat erwiesen, dass Katzen (und auch Hunde) ein Hormon namens Oxytocin freisetzen, wenn sie miteinander interagieren – und wenn sie mit Menschen zu tun haben, die sich um sie kümmern. Dieses Wohlfühlhormon wird auch im Gehirn von Menschen produziert, zum Beispiel wenn sie Sex haben oder wenn eine Mutter ihr Baby im Arm hält. Der erhöhte Hormonspiegel bewirkt, dass wir dann noch liebevoller und mitfühlender werden. Oxytocin hat „Verhaltenseffekte", wie Zak in seiner Studie erklärt. Sowohl Menschen als auch Katzen haben einen erhöhten Oxytocinspiegel, wenn sie sich in liebevoller Gemeinschaft befinden. Zak kam in seinem 2014 in *The Atlantic* erschienenen Artikel zu dem Schluss, dass diese tatsächlichen physiologischen Veränderungen in uns dazu beitragen, die Tiefe zu erklären, die unsere Bindungen auch zu Tieren erreichen können. Für den Fall, dass du eine wissenschaftliche Erklärung benötigst, warum deine Zuneigung zu deinen tierischen Begleitern so stark ist: „Oxytocin könnte erklären, warum Menschen unendlich viel Geld ausgeben, um ein Haustier medizinisch behandeln zu lassen, anstatt es einzuschläfern und sich einfach ein neues Tier zuzulegen."

Wir sind alle voller Liebe und Bewunderung, nicht nur füreinander, sondern auch für die Welt. Das ist gut. Möge beides in unseren Köpfen und in unserem Leben zunehmen. Liebe ist das, was wir sind, und sie geht allem anderen voraus.

Es gibt jedoch seltene Gelegenheiten, bei denen Rosas Katzennatur mit meiner Menschlichkeit kollidiert: Nach ausdauernden Streicheleinheiten beißt sie manchmal plötzlich, nur ein bisschen, und sie kratzt ein bisschen, denn auf diese Weise drückt sie ihre Freude und ihre Liebe noch mehr aus. Am Ende habe ich einen Kratzer, vielleicht sogar einen Blutfleck an einem Handgelenk, wenn ich Rosa nicht schnell genug loslasse.

Manchmal müssen wir einander loslassen. Aber die Liebe, die uns alle zusammenhält, bleibt. Ich hoffe, dass du das weißt, mit oder ohne Katze an deiner Seite.

Ich werde nicht eine Minute lang so tun, als ob wir alle im Leben die gleichen Möglichkeiten hätten, Liebe und ihre Auswirkungen zu erfahren. Auch nicht, dass wir alle in Familien aufwachsen, die uns stark machen, mit Eltern, die ihr Bestes tun, damit wir erfolgreich und glücklich sind. Die Ungleichheiten und Ungerechtigkeiten des Lebens sind erschütternd.

Manchmal müssen wir einander loslassen. Aber die Liebe, die uns alle zusammenhält, bleibt.

Aber ich behaupte, dass wir alle gleichermaßen von Gott geliebt werden, vom heiligen Geheimnis, vom Geist des großen Ganzen, der uns erschaffen hat und erhält und sich nach uns ausstreckt, weil er uns kennen und aufrichten möchte. Auch die Erde liebt uns alle gleichermaßen. Ich hoffe, du weißt, dass du von diesen großen Geheimnisvollen geliebt wirst. So wie Rosa weiß, dass sie von mir geliebt wird.

Geistliche Übung

Versuche, jemanden so anzuschauen, wie deine Katze dich liebevoll anschaut. Das kannst du nicht so nebenbei tun. Du musst es ernst meinen. Und du wirst wahrscheinlich keinen liebevollen Blick für ein anderes Lebewesen oder einen anderen Menschen zustande bringen, wenn du keinen Zugang zu der Liebe hast, die in dir steckt. Aber wenn doch, dann wirst du nicht nur mehr Liebe für andere ausdrücken können, sondern auch bereit sein, die Schönheit der Welt inniger zu erfahren.

Der verstorbene Desmond Tutu formulierte es so:

„Wir wurden geschaffen, um Musik zu genießen, uns über schöne Sonnenuntergänge zu freuen, die Wogen des Meeres zu betrachten und uns an einer Rose zu erfreuen, die mit Tau bedeckt ist. (…) Der Mensch ist eigentlich für das Transzendente, für das Erhabene, für das Schöne, für das Wahre geschaffen (…) und wir alle haben die Aufgabe, diese Welt ein wenig empfänglicher für diese schönen Dinge zu machen."

15.
SEI BEHARRLICH
UND DANKBAR

Eine kürzlich im *Journal for the Scientific Study of Religion* veröffentlichte Studie von Samuel Perry, Professor für Soziologie an der Universität von Oklahoma, legt nahe, dass eine Katze für viele Menschen eine Art „Gottesersatz" ist.

Perry stellt eine innere Beziehung zwischen dem Verhalten von Katzen, dem Verhalten von Menschen gegenüber Katzen und dem fest, was wir bei einem Gott suchen. Er schreibt: „[Katzen] wollen mit uns interagieren, aber immer zu ihren Bedingungen, und es geht immer um sie. Wir wollen ihre Zuneigung gewinnen, und es beunruhigt uns, wenn wir den Eindruck haben, dass sie irgendwie unzufrieden mit uns sein könnten. Katzen sind in dieser Hinsicht sehr gottähnlich." Es gibt jedoch mehrere Probleme mit dieser Aussage. Zunächst einmal beruhen die Schlussfolgerungen des Forschers auf Annahmen und Mythen über Katzen sowie auf Annahmen darüber, wie religiöse Menschen zu Gott stehen. Perrys Studie geht vom kleinsten gemeinsamen Nenner von beidem aus.

Es stimmt, dass für einige von uns ein felliger Freund das Bedürfnis ersetzt, sich in einer Gemeinschaft zu versammeln und an religiösen Veranstaltungen teilzunehmen, wie es andere tun würden. Aber für Katzenliebhaber, die auch eine bewusste und manchmal leidenschaftliche Beziehung zu Gott haben oder nach dem Göttlichen suchen, erinnert uns eine Katze eher daran, dass wir Geschöpfe und keine Götter sind. Eine Katze lehrt uns, für die Schöpfung des Gottes, den wir suchen und finden, Sorge zu tragen. Und die erste und einfachste Art, diese Dinge auszudrücken, ist Dankbarkeit. Ich übe diese Dankbarkeit nach dem Aufwachen, wie es meine religiöse Tradition lehrt.

Es kann unter Umständen schwierig sein, aufzuwachen und den Tag mit Hoffnung zu begrüßen. Mir gelingt das fast immer, aber ich habe schon vor langer Zeit erkannt, dass das keine besondere Tugend von mir ist, sondern eher meine Veranlagung. „Singt dem Herrn ein neues Lied! Singt dem Herrn, ihr Bewohner der ganzen Erde!" (Psalm 96,1). So fühle ich mich morgens normalerweise, doch ich weiß, dass andere sich mit Lobpreis am Morgen schwertun. Vor vielen Jahren, als meine Frau und ich noch nicht lange zusammen waren, lief ich jeden Morgen fröhlich durch das Haus, redete mit ihr, lächelte sie an und fragte sie: „Wie geht es dir?" Und irgendwann fragte ich schon etwas verwirrter: „Was ist los?" Schließlich schrie sie mich eines Morgens an: „Hör auf, morgens so fröhlich zu sein!"

Uns wurde klar, dass unsere täglichen Stimmungslagen in umgekehrter Richtung verlaufen. Ich neige dazu, als Optimist aufzuwachen, sie nicht. Wenn ich traurig oder schlecht gelaunt bin, ist es oft am Ende des Tages, wenn ich mich erschöpft fühle. Sie hingegen fühlt sich vor dem Schlafengehen normalerweise großartig, nachdem sie im Laufe des Tages warmgelaufen ist und ihn mit vielen guten und produktiven Dingen verbracht hat.

Während der Coronapandemie sahen sich sogar Menschen, die es gewohnt waren, „Morgenmenschen" zu sein und mit Energie und Konzentration aufzuwachen, einer neuen Herausforderung gegenübergestellt. So war es auch bei mir. Aber ich glaube, dass wir jeden Tag bis zu unserem Tod mit aller Kraft und Entschlossenheit aufwachen sollten, die wir nur aufbringen können. Martin und Rosa leiten mich dabei an. Ob für dich der Tag beim Aufwachen oder eher am Abend vor dem Schlafengehen seinen Höhepunkt erreicht, spielt keine Rolle. Hauptsache, du nimmst ihn voll an.

Ob für dich der Tag beim Aufwachen oder eher am Abend vor dem Schlafengehen seinen Höhepunkt erreicht, spielt keine Rolle. Hauptsache, du nimmst ihn voll an.

Alle geistlichen Übungen, die du bisher kennengelernt hast, waren als Hilfen gedacht, um „katzenartige Qualitäten" zu entwickeln: sich hingeben, lieben, diszipliniert leben, spielen, unsere Sicht erweitern, der Welt um uns herum volle Aufmerksamkeit schenken, zupacken. Der Muskel, der all diese guten Gewohnheiten oder Tugenden antreibt, ist die Beharrlichkeit. Sie ist vielleicht die katzenartigste Eigenschaft von allen.

Martin übt sich gern in Beharrlichkeit, während ich versuche, an meinem Schreibtisch zu arbeiten. Das tut er, indem er sich auf die Papiere und Bücher legt, die dort ausgebreitet sind. Er dreht sich auf den Rücken und legt seinen Kopf auf meinen aufgeklappten Laptop, als wolle er sagen: „Sieh mich an und nicht diese blöde Maschine." Rosa ist sanfter, aber nicht weniger beharrlich. Sie springt ein- oder zweimal am Tag auf meinen Schoß, um drei Minuten lang gestreichelt zu werden. Wenn ich während dieser besonderen Zeit auf meinen Laptop schaue, der vor mir auf dem Schreibtisch steht, hebt sie manchmal eine Pfote an mein Kinn, um meinen Blick wieder auf sie zu lenken. Das tut sie wirklich! Sie hat das schon oft gemacht. Es ist bezaubernd.

Der Lakota-Medizinmann und katholische Katechet Nicholas Black Elk lebte vor einem Jahrhundert und sagte: „Es ist die Dunkelheit ihrer Augen, in der sich [die Menschen] verlieren." Er meinte damit, dass wir in Zeiten der Prüfung oder des Leids unsere Vision und Inspiration verlieren. Unsere Augen verdunkeln sich, nicht nur im übertragenen Sinne, sondern wir können unseren Weg nicht mehr klar erkennen.

Wenn wir uns auf dem Weg befinden, verirren wir uns eher selten. Mit modernem GPS ist das sogar noch unwahrscheinlicher, als Black Elk es sich je hätte vorstellen können. Aber ich glaube nicht, dass er von dieser Art des Verirrens sprach. Unseren Weg nach Hause oder dorthin zu finden, wo wir hinmüssen, ist nicht mehr eine Frage der Wegbeschreibung. Wegbeschreibungen sind meist klar und es ist leicht, ihnen zu folgen. Das Problem liegt in der Dunkelheit unserer Augen.

Wir sind entmutigt, und das nicht nur für eine kurze Zeit, sondern manchmal Tag für Tag. Andere Menschen können das an uns sehen. Vielleicht siehst du es selbst in deinen Augen, wenn du morgens oder abends in den Spiegel schaust. Selbst Beharrlichkeit und Willenskraft helfen da nicht weiter. Wenn wir sie aber mit notwendiger und regelmäßiger Dankbarkeit verbinden, werden wir unseren Weg nach Hause finden. Und wenn wir uns darin üben, für die einfachsten Dinge dankbar zu sein, haben wir einen guten Wegweiser.

John Gray ist ein bekannter Philosoph, der ein Buch über Katzen veröffentlicht hat, das ich bereits erwähnt habe. Als *Katzen und der Sinn des Lebens* herauskam, verschlang ich es sofort, obwohl ich mit vielem darin nicht einverstanden war. Aber einige von Grays Weisheiten, die eine Katze für uns Menschen haben könnte, habe ich mitgenommen:

„Das Leben ist keine Geschichte. Wenn du dir dein Leben als eine Geschichte vorstellst, wirst du versucht sein, es zu Ende zu schreiben. Aber du weißt nicht, wie dein Leben enden oder was vorher passieren wird. Es wäre besser, das Drehbuch wegzuwerfen. Das ungeschriebene Leben ist lebenswerter als jede Geschichte, die du erfinden könntest.“

Auch hier leiten mich Martin und Rosa an. Wir Menschen wachen morgens auf und wollen wissen, wie sich der Tag am Ende anfühlen wird. Wir wollen wissen, wohin wir gehen und wie wir dorthin gelangen werden. Aber wenn wir das tun – und wir scheinen es immer zu tun –, verirren wir uns leicht. Man kann es an unseren eigenen Augen, an unserem Geist erkennen, dass wir uns verlieren.

Die christliche Mystikerin Juliana von Norwich sagte bekanntlich in einem Zitat, das ich hier adaptiere: „Sich von Gott abzuwenden ist *behovely*, aber alles wird gut werden, und alle Dinge werden gut werden." Das mittelenglische Wort *behovely* bedeutet „notwendig" oder „nützlich". Sich von Gott abzuwenden – sich vom Guten abzuwenden –, kann zerstörerisch und verletzend für andere sein. Nach Juliana ist eine Abkehr aber nicht unbedingt schlecht, sofern es darum geht, sich von etwas abzuwenden, was man vielleicht falsch gemacht hat, oder von dem, was um einen herum verletzend und schmerzhaft ist. Alles wird gut werden. Gott wendet alle Dinge zum Guten.

In ähnlicher Weise sagt Meister Eckhart, einer meiner Lieblingsmystiker, dass wir unser Leben oft damit verbringen, Illusionen hinterherzujagen – Vorstellungen oder Idealen, die nicht real sind. Wir verlieren uns in diesen „Unrealitäten", vor allem, wenn wir Gott und uns selbst auf eine illusorische Weise betrachten. Wir können Gott zwar nicht sehen, aber wir können ihn dennoch erkennen, da er in uns lebt und wächst. Das ist vergleichbar mit einem Kind, das geboren wird und uns in jeder Hinsicht belebt. Aber, so Eckhart, Gott wirkt in und durch uns nur in dem Maß, wie wir mitmachen. Er vergleicht dies mit dem Backen von Brot:

„Wenn man einen Ofen heizt und Hafer-, Gersten-, Roggen- und Weizenbrote hineinlegt, gibt es nur eine Wärmequelle, und doch wirkt sie bei den verschiedenen Broten unterschiedlich. Aus dem einen wird ein feines Brot, aus dem anderen ein viel gröberes. Nicht die Hitze ist schuld an dem Unterschied, sondern das Material, das nicht gleich ist. Genauso wirkt Gott nicht in jedem von uns auf die gleiche Weise."

Sei dankbar, sei beharrlich und schau genau hin. Erkenne, dass dein Leben bereits von Heiligkeit durchdrungen ist, und öffne dich für das, was um dich herum ist. Jeder von uns kann ein duftendes Brot werden. Wende dich nicht ab, öffne dein Herz, sieh, was darin verborgen ist, und dann – mit aufmerksamer Dankbarkeit wie eine Katze – schau andere an. Gib der Dunkelheit in deinen Augen keinen Raum, die dich davon abhält, all das auch in den Menschen um dich herum zu sehen.

Geistliche Übung

Beharrlichkeit ist nicht so sehr etwas, das man übt, sondern etwas, auf das man sich vorbereitet. Das Beste, was wir tun können: Wir geben jeden Tag gut auf uns acht, damit wir mit neuer Entschlossenheit Gutes tun können.

Wir brauchen spirituelle Übungen für einen guten Schlaf, für eine gute Ernährung, für ein Leben in Mäßigung, für eine gesunde Sexualität voller Geben und Nehmen, für Meditation oder Gebet, die uns zentrieren und uns erlauben, jeden Tag voller Lebendigkeit zu beginnen.

Und dann ist da noch die Dankbarkeit. Es gibt nichts Wichtigeres für uns, als Dankbarkeit zu üben. In der jüdischen Tradition gibt es eine Reihe von „Morgensegen", die man beim Aufwachen sagen kann. Ich sage diese Segenssprüche nicht jeden Tag, aber immer samstags, und sie helfen mir dabei, den Tag gut zu beginnen. Sie beginnen folgendermaßen: „Gepriesen bist du, Herr, unser Gott, Schöpfer der Welt, der du den Schlaf von meinen Augen nimmst und den Schlummer von meinen Augenlidern." Später folgt: „Gepriesen bist du, von dem wir uns kein Bild machen, unser Gott, Schöpfer aller Welten, der mich nach deinem Bild geschaffen hat."

Während ich dies schreibe, ist Rosa an meinen Schreibtisch gekommen, um sich zu mir und zu dir zu setzen. Vielleicht segnet sie auch den Tag in den frühen Morgenstunden.

16.
KOMM ZUR RUHE

Rätselhaftes ist sowohl für unsere Spiritualität als auch für unsere Biologie wesentlich. Aber es gibt Denkrichtungen, die zunehmend das Gegenteil behaupten. Wir wollen alles wissen und erklären, und wir glauben, dass wir alles verstehen können, irgendwann, irgendwie. Für Katzenmenschen bedeutet diese Denkschule manchmal, dass wir versuchen, die Bedürfnisse unserer Katzen zu verstehen und mit ihnen zu kommunizieren. Ich kenne Fachleute, die ihre Dienste anbieten, um ihren Kunden die Katzensprache beizubringen.

Es gibt Bücher darüber, zum Beispiel *How to Speak Cat: The Essential Primer of Cat Language* von Alexandra Sellers (dt. „Wie man mit Katzen spricht: Ein Einstieg in die Sprache der Katzen"). Die Autorin wird auf dem Buchumschlag als „Expertin in der Katzensprache" beschrieben. Ein umfangreicher erster Teil behandelt grammatikalische Fragen, beginnend mit Personalpronomen, dem Verb „sein" und Verben der ersten Klasse. Es gibt Diskussionen über die Tonalität, und diese behandeln Themen wie „die Schmeichelstimme", „die Geschichtenerzählstimme" und „die beleidigte Stimme". Sellers identifiziert 15 Konsonanten in „Cat" (dt. „Katzisch"), darunter vier Versionen unseres Buchstabens r. Der Ausspracheschlüssel im vorderen Teil des Buches stützt sich auf das römische Alphabet, wobei die Autorin bedauert, dass sie noch kein originales Cat-Alphabet entdeckt hat, und enthält Folgendes:

> *r: einfaches englisches ungetrilltes r, wie in „roll"*
> *rr: getrilltes r. Das menschliche Äquivalent dieses Lautes entsteht, wenn man die Zunge auf dem Gaumen flattern lässt.*
> *R: uvuläres r, wie in Französisch „tresor"*
> *RR: stark gerolltes uvuläres r*

Vielleicht liest du das und denkst: „Ja, das höre ich bei meiner Katze auch!" Oder du hast (wie ich) das Gefühl, dass wir uns nur einbilden, wir würden unsere Katzen mit solchen Ratgebern verstehen.

Ich hatte einen beliebten Professor während meines Studiums, der gelegentlich über die Unbegreiflichkeit Gottes sprach. Er ging nicht ausführlich auf dieses Thema ein, aber ich erinnere mich an eine Geschichte aus der Zeit, als er an der *Yale Divinity School* lehrte und einige Studierende eines sonnigen Morgens mit ihm aus der Kapelle kamen. Ein Student sagte: „Was für ein schöner Gottesdienst!" Und ein anderer, der den Professor beeindrucken wollte, sagte: „Ja, aber nur, wenn wir genug wissen, um aus dem lateinischen Text Nutzen zu ziehen." Mein Professor erinnerte sich daran, dass er beiden antwortete: „Wenn Sie ‚Laud' verstanden haben, dann haben Sie wohl genug begriffen."

Unausgesprochene Formen der Spiritualität sind für mich zunehmend wichtiger als gesprochene, so wie Zeichen und Gesten der Zuneigung das sind, was ich am stärksten mit Liebe verbinde, insbesondere bei meinen Katzen. Da ist zum Beispiel der allgegenwärtige Kopfstupser, bei dem sich unsere Katzen sanft und liebevoll an uns lehnen, um uns zu zeigen, dass sie sich mit uns verbunden fühlen. Eine kürzlich in England durchgeführte Studie hat noch eine weitere Möglichkeit gezeigt, wie Menschen nonverbale Zuneigung mit ihren Katzen austauschen können:

„Wenn deine Katze dich anblinzelt, ist das ein Zeichen, dass sie Zuneigung und Vertrauen empfindet. (...) Und warum? Alle Katzen sind auf ihren Sehsinn angewiesen, um zu überleben. Wenn sie ihn also absichtlich einschränken, indem sie ihre Augen zukneifen, zeigen sie damit, dass sie sich glücklich und sicher fühlen.“

Laut einer aktuellen Studie der Universitäten von Portsmouth und Sussex kannst du mit deiner Katze kommunizieren, indem du dasselbe tust. „Kneif die Augen wie bei einem entspannten Lächeln zusammen, dann schließ sie für ein paar Sekunden", sagte Karen McComb, eine Tierverhaltensforscherin, die die Studie leitete. „Du wirst feststellen, dass die Katze auf die gleiche Weise reagiert, und so könnt ihr eine Art Gespräch beginnen."

Vielleicht eröffnet dies den Menschen neue Wege, mit dem Unaussprechlichen und Unbeschreiblichen zu kommunizieren. Vielleicht sollten wir versuchen, unsere menschlichen Augen zusammenzukneifen, wenn wir auf das Göttliche „schauen".

Fast jede religiöse Tradition spricht von der Gotteserkenntnis. Die meisten besagen, dass es eine Pflicht ist, Gott immer besser kennenzulernen, ein Streben oder eine Übung. Oder es ist einfach das Ergebnis der Treue zu den vermuteten Erwartungen Gottes an die Anhänger dieser Tradition. Ich frage mich jedoch, ob das wirklich so funktioniert. Wenn es Gotteserkenntnis gibt, so scheint mir, dass sie höchstwahrscheinlich und meistens völlig unvorhersehbar ist.

In allen Traditionen sagen Experten oft, dass das Wissen um das Göttliche durch den Gehorsam gegenüber den Geboten oder den Übungen oder dem Dharma entsteht. Das mag stimmen. Im subtilen, aber bedeutsamen Gegensatz dazu glaubte der mittelalterliche Mystiker Bernhard von Clairvaux, dass es eine Gotteserkenntnis gibt, die nur durch Beziehung entsteht. Es ist die Liebe zu Gott, die zur Erkenntnis Gottes führt, sagte Bernhard. Mystiker jeder Tradition haben andere Richtungskorrekturen einer grundlegenderen, ursprünglichen, elementaren Erfahrung von Heiligkeit und Schönheit – nennen wir es einfach „Bewusstsein" – als wesentliches Verständnis von (und nicht Wissen über) Gott erlebt. Als Schöpfer vielleicht. Oder vielleicht als Erhalter. Oder universelle Inspiration. Oder als Atem aller Dinge.

Ob es nun die Liebe oder das Bewusstsein ist, das uns näher zu Gott bringt – die Katzen in unserem Leben helfen uns dabei. Ich erinnere mich an eine Gelegenheit vor vielen Jahren, als mein Sohn Joe 10 Jahre alt war. Wir hatten ein Jahr zuvor auf Anraten von Joes Kinderarzt ein junges Kätzchen für ihn angeschafft, das zu den beiden schon vorhandenen

Katzen in unserem Haus hinzukam. Wie bereits im Vorwort kurz erwähnt, hatte Joe zu dieser Zeit Probleme, seine Wut auf gesunde Weise auszudrücken. In der Schule führte das des Öfteren dazu, dass ich zum Direktor gerufen wurde. Wir fanden ein anmutiges und sanftes Kätzchen im Tierheim und Joe nannte sie Mia. Sie hatte sofort eine beruhigende Wirkung auf ihn. Wenn Joe sich nun wieder über etwas aufregte und zornig wurde, was fast täglich der Fall war, lernte er, sich mit Mia in sein Zimmer zurückzuziehen, um sich zu beruhigen. Er nahm sie auf seinen Schoß, sie schnurrte und Joe kam wieder runter.

Es gibt viele wissenschaftliche Studien, die zeigen, dass Menschen, die mit Katzen zusammenleben, im Durchschnitt einen niedrigeren Blutdruck haben als Menschen, die keine Katzen haben. Joe liebte Mia über alles und brauchte sie. Als er eines Tages noch wütender war als sonst, stürmte er in sein *Es gibt eine Ruhe, die zur Erkenntnis geistlicher Dinge führt, und nur wer still ist, gelangt dorthin.* Zimmer und knallte die Tür hinter sich zu. Mia stand da und sah ihn mit diesen sanften Augen an. Joe wollte sich in diesem Moment nicht trösten lassen, und als Mia auf seinen Schoß sprang, schubste er sie wütend auf den Boden. Noch heute, fast 20 Jahre später, erinnert sich Joe gut an diesen Moment und kann den Schmerz spüren. Mia kam leise und beharrlich zurück an sein Bett, hielt nur eine Sekunde inne und sprang dann wieder hoch. Dort blieb sie, und Joe beruhigte sich.

Es gibt eine Ruhe, die zur Erkenntnis geistlicher Dinge führt, und nur wer still ist, gelangt dorthin.

Geistliche Übung

Manchmal kommen wir am besten zur Ruhe, wenn wir bewusst und meditativ atmen und langsame Körperbewegungen machen. Ein kürzlich erschienenes Buch mit Meditationen der buddhistischen Lehrerin Willa Blythe Baker beschreibt etwas, was sie „Beschwörung der Gnade" nennt. Für unsere Zwecke ziehe ich das Wesentlichste heraus.

Bakers Übung besteht darin, bewusst zu atmen und dabei die Hüften langsam zu bewegen, während man im Vierfüßlerstand auf dem Boden kniet – wie eine Katze. Sie rät, „einzuatmen, wenn der Rücken durchhängt, und auszuatmen, wenn er sich wölbt". Ich kann bestätigen: Das fühlt sich gut an. Dann schreibt sie: „Beginne nun, deine Hüften zu kreisen. Damit du dich in die Bewegung hineinversetzen kannst, denk an eine Katze, einen Löwen, Tiger, Jaguar, Puma ... Kreise auf langsame, gemächliche Weise. (...) Bewege deinen Kopf mal hierhin und mal dorthin, schau von einer Seite auf deinen imaginären Schwanz und dann von der anderen."

Wenn es dir wie mir geht, suchst du dir dazu besser einen Ort und eine Zeit aus, wo du ganz sicher bist, dass niemand dich sieht. (Oder du nimmst es als zusätzliche Übung des „Zum-Narren-Machens" hinzu.)

Wenn du das Gefühl hast, fertig zu sein, „knurre, brülle und schüttle dich mit dem ganzen Körper wie ein Löwe, der sich nach einem Staubbad befreiend schüttelt". Ich habe nach dieser zugegebenermaßen gewöhnungsbedürftigen Übung eine wunderbare innere Ruhe empfunden.

17.
BLEIB IN BEWEGUNG

Bei Katzen dreht sich alles um Beziehungen. Die Künstlerin Candice Lin hat das verstanden. In einer Ausstellung in Minneapolis, die im Herbst und Winter 2021 stattfand, zeigte Lin Bilder und Installationen, die von ihrer Beziehung zu bestimmten Katzen inspiriert waren. Sie erklärte:

„Ich habe Katzen schon immer geliebt und hatte eine tiefe Beziehung und Kommunikation mit ihnen. Während der Coronapandemie hatte ich viele Monate hauptsächlich meinen Kater Roger als Gesellschaft. Ich glaube, diese Zeit hat mich von allem befreit, was keine Notwendigkeit oder Quelle der Freude für mich war. Weil ich mir erlaubte, über Katzen nachzudenken und Kunst zu schaffen, die sich um sie drehte, konnte ich das Bedürfnis nach Trost und Beziehung stillen, was beides in dieser Zeit kaum vorhanden war."

Zu den Kunstobjekten gehörten „Katzendämonen", die den Statuen von Grabwächtern in China ähnelten, und ein felliger Qigong-Lehrer, der in einer Videoinstallation sein

Können zeigte. Es gelang Candice Lin, die Lebendigkeit des Katzenwesens in verschiedenen Kulturen und Epochen einzufangen.

Ist es ein Zufall, dass wir unsere Katzen nur selten niedergeschlagen sehen? Vielleicht missverstehe ich die Zeichen und Martin und Rosa sind manchmal deprimiert, wenn sie still daliegen oder alleine im Haus herumlaufen – aber ich glaube nicht. Jagen. Schlafen. Spielen. Wiederholen. Ich denke, das ist die Lebensweise von Katzen überall, ob wild oder Hauskatze. Sie machen sich keine Sorgen um Probleme, und das ist einer der Gründe, warum ihre Gesellschaft für uns Problemjongleure so heilsam sein kann.

Katzen leben einfach, um zu springen und zu jagen. Ursula Le Guin lässt ihre Hauptfigur in einer Novelle, die von einer Katze handelt, humorvoll sagen: „Es ist kein Spaß, Mäuse zu jagen. Es ist auf eine intensive, grausame Weise aufregend. Wenn ich eine Maus irgendwo erahne, kann ich an nichts anderes denken. Ich kann nicht schlafen. Ich kann nichts fressen. Ich kann nur riechen und hören und an Mäuse denken. Ich verstehe das nicht, und es macht mich unglücklich. (…) Ich fange sie immer. Und was dann? (…) Es geht nicht darum, sie zu fressen.“

Die Leidenschaft für Bewegung, Spiel, Sprung und Angriff ist tief in der Psyche einer Katze verankert. In der christlichen Kunst des Mittelalters setzten manche Künstler eine einzelne Katze in die Ecke oder in den Hintergrund von Gemälden, die Maria bei der Verkündigung zeigen – wenn der Erzengel ihr erscheint und ihr sagt, dass sie ein Kind bekommen wird und dieses Kind der Sohn Gottes ist. Laut der Theologie in

Gemälden steht die Anwesenheit der Katze symbolisch nicht für die Jagd an sich, sondern für einen Gejagten, in diesem Fall den Teufel, der in diesem Moment gefangen wurde, ohne dass er die Chance hat, sich aus dem Maul der Katze zu retten. Wenn du jemals eines dieser Gemälde in einem Museum hängen siehst, stell dir eine Maus im Bauch dieser zufrieden aussehenden Katze vor, während der Teufelsschwanz bei der Verkündigung aus dem Maul der Katze hängt. Zu jagen und zu springen sind die Identität und der Lebenssinn der Katze, ihre eigentliche Freude.

Unsere Katzen lehren uns, unsere Freude zu finden und sie dann konsequent zu leben – das ist auch eine der wesentlichen Botschaften des chassidischen Lehrers Rebbe Nachman von Breslov in der heutigen Ukraine. Rebbe (das hebräische Wort für „Rabbiner") Nachman ist einer der meist zitierten chassidischen Lehrer. Er wurde in den 1770er-Jahren geboren und starb 1810. Er sagte: „Nichts ist so befreiend wie die Freude. Sie befreit den Geist und füllt ihn mit Ruhe." Er sagte auch: „Die Hoffnung zu verlieren ist wie der Verlust der Freiheit, wie der Verlust seiner selbst." In allen religiösen Traditionen zeigen uns große Lehrer, wie wir auf unsere Intuition hören können, um unsere Berufung – unsere Art zu springen – zu finden. Und wenn wir das tun, vermehren wir die Freude in der Welt.

Der Autor Carlo Carretto lässt die Stimme des heiligen Franziskus autobiografisch in seinem Buch *I, Francis* in dem Moment sprechen, als dieser die Lehre von der Menschwerdung Jesu versteht. Franziskus fühlt sich danach bereit, die

Welt auf den Kopf zu stellen: „Jeder von uns war Herr der Welt. Jeder Arme war reich. Jedes Herz war gesättigt. Jedes Projekt war möglich. Ich kletterte vom Altar herunter und begann barfuß auf dem Boden der Kirche zu tanzen. Ich fühlte mich wie ein Clown, verrückt vor Freude und Leben."

Rebbe Nachmans Schreiber Reb Noson, selbst ein prominenter chassidischer Rebbe des frühen 19. Jahrhunderts, hatte eine weitere interessante Erkenntnis über Freude. Jemand fragte ihn einmal, wie man glücklich sein könne, wo das Leben doch so viele Enttäuschungen bereithalte. Reb Noson antwortete: „Borg dir dein Glück aus." Das ist keine oberflächliche Antwort – Reb Noson wusste, dass Glück kommen und gehen kann, aber im Gegensatz zu anderen Dingen, die kommen und gehen (Reichtum, Popularität, Selbstvertrauen ... führe die Liste beliebig fort), gibt es einen Vorrat an Glück in jedem von uns. Vielleicht sogar im Universum. Jeder Mensch kann sich an eine Zeit erinnern, in der er glücklich war, und wir können aus diesem Vorrat schöpfen. „Geht dorthin, an diesen Ort oder zu dieser früheren Erfahrung, und holt es euch", scheint Reb Noson uns heute noch sagen zu wollen.

Bei fast allem, was ich meine Katzen tun sehe, erkenne ich diesen großen Vorrat an Freude. Sie steckt uns alle an. Ihre Freude ist ihre eigene Erfahrung, aber sie ist auch wie ein Vorrat für uns da. Vielleicht erklärt das, warum die Menschen in unserem Haus die Katzen den ganzen Tag auf dem Arm zu haben scheinen. Wir lieben es, sie bei uns zu haben. Ihre Präsenz – und ihre Fähigkeit, präsent zu sein – ist ein großes Geschenk.

Wie wir in Kapitel 5 gesehen haben, ist es unfair, wenn Menschen Katzen als egoistisch bezeichnen. Als meine älteste Tochter noch klein war, adoptierten wir einen Beagle aus dem örtlichen Tierheim. Dieser Beagle war so sehr darauf konzentriert, den Gerüchen vor seiner Nase zu folgen, dass er nur selten aufschaute. Das führte zu einer eher schlechten Beziehung zu uns Menschen. Es wäre jedoch dumm, das als „egoistisch" zu bezeichnen. So war er nun einmal.

Wir missverstehen Katzen, wenn wir denken, dass ihr Leben wenig mit unserem eigenen zu tun hat. Katzen sind ganz bei sich und sie sind präsent. Martin schaut mich mit ruhigen und einladenden Augen an, auch wenn er nicht will, dass ich ihn halte. Dennoch sagen seine Augen und seine Haltung, dass er gern mit mir zusammen ist. Katzen verfügen über eine außergewöhnlich gute Balance und Eleganz in der Bewegung. Wir Menschen haben vielleicht nicht das Gleichgewicht einer Katze, aber auch wir haben mehr körperliche Begabungen, als wir manchmal denken. Die Zoologin und Filmemacherin Jackie Higgins hat die Einzigartigkeit von Geparden analysiert und kommt zu dem Schluss:

„Wir neigen dazu, unseren Gleichgewichtssinn erst dann zu bemerken, wenn etwas schiefgeht – wenn wir am Ende auf dem Boden liegen. Aber er arbeitet immer, unermüdlich und ohne bewusste Wahrnehmung. Er ist einer unserer vielen geheimen Sinne."

Sei wie eine Katze. Vertraue auf deinen geheimen Gleichgewichtssinn und bleib in Bewegung.

Wir können uns nicht erst nur dann ausbalancieren und weiterbewegen, wenn wir vollkommen klar sehen. Wir schränken uns selbst ein, wenn wir das Gefühl haben, dass wir nicht weitergehen können, ohne zu sehen, was als Nächstes passieren wird. Wir werden nie die Zukunft sehen, die es noch nicht einmal wirklich gibt. Selbst im Dunkeln, wenn auch Katzen der Legende nach nicht so gut sehen können, bewegen sie sich nicht zögerlicher als im Hellen. Wir leben erst dann in vollen Zügen, wenn wir uns in Licht und Schatten wohlfühlen.

Schams Tabrizi, der Lehrer von Jalāl ad-Dīn Muhammad Rūmī, dem großen persischen Sufi-Dichter des 12. Jahrhunderts, sagte einmal: „Jeder Mensch ist ein ‚Wort Gottes‘ – welches ‚Wort‘ bist du?" Ich denke, das kann man auf die ganze Schöpfung ausweiten. Jedes Geschöpf ist auf einzigartige Weise ein Wort Gottes. Das ist sein Sinn, seine Stärke und sein Antrieb.

Was ist dein Antrieb? Blockierst du ihn oder erlaubst du ihm, dich zu bewegen? Eine Sache kennt jeder Katzenmensch: Eine Katze, die sich bei dir wohlfühlt – und jede Katze, die geliebt wird, fühlt sich normalerweise wohl (es sei denn, sie wurde von einem anderen Menschen verletzt oder hat Schmerzen) –, begrüßt dich oft, indem sie sich auf den Rücken legt und dir in die Augen schaut. Damit zeigt sie, dass sie sich sicher und beschützt fühlt, und fordert dich auf, sie zu streicheln oder sich mit ihr zu beschäftigen. Das ist ihre Freude. Jeden Tag versu-

Jedes Geschöpf ist auf einzigartige Weise ein Wort Gottes. Das ist sein Sinn, seine Stärke und sein Antrieb.

che ich, zu dieser Erfahrung zurückzukehren und den Vorrat an Freude in mir selbst für die Welt um mich herum zu finden – eine Lektion, die mich die Katzen weiterhin lehren.

Geistliche Übung

Ich möchte dich zu einer spirituellen Übung einladen, die das Verhalten einer Katze nachahmt.

Wenn möglich, leg dich dazu auf den Boden. Rolle dich langsam auf den Rücken. Schau nach oben. Schaukle sanft von einer Seite zur anderen. Schau weiter nach oben. Lächle dabei.

Oder versuch mal das hier: Verbringe einige Minuten mit dem Wort „Bewegung". Beobachte, was passiert, wenn du betest oder meditierst und dabei ein Wort, das dir oft auf der Zunge liegt oder das du im Herzen bewegst, durch „Bewegung" ersetzt. Sei dabei spielerisch und kreativ. Wenn du zum Beispiel über die Bibel meditierst, wird der Text, den du liest, vielleicht etwas ... bewegter: Aus „Seid stille und erkennt, dass ich Gott bin" (Psalm 46,10; LUT) könnte „Finde in der Bewegung deine stille Mitte und erkenne, dass ich Gott bin" werden. Probier es aus. Hör hin, was in dir aufsteigt.

EPILOG
WARNUNG UND
VERSPRECHEN

Mir ist nicht entgangen, dass meine Katzen mir vielleicht auch Gewohnheiten beibringen oder sie in mir verstärken, die nicht immer gut sind. Sie mögen es zum Beispiel, wenn ich jeden Tag die gleichen Dinge tue, was bedeutet, dass sie mich eher nicht dazu ermutigen, kreativ oder experimentell zu sein.

Rosa wäre nichts lieber, als mich jeden Morgen auf demselben Stuhl vorzufinden, wenn sie bereit für Aufmerksamkeit ist. Und Martin wünscht sich nichts sehnlicher, als um Punkt 7.00 Uhr sein Frühstück in der Schüssel vorzufinden, gefolgt vom Öffnen unserer Schlafzimmertür um 7.15 Uhr, damit er aufs Bett hüpfen und meine Frau begrüßen kann. Und dann, etwa eine Stunde später, wenn ich am Schreibtisch sitze und ihm nicht wenigstens halbherzig Aufmerksamkeit schenke, weiß er genau, wo er auf die Bücherregale hinter meinem Stuhl springen muss, um bestimmte Gegenstände auf den Boden zu werfen.

Meine Persönlichkeit funktioniert ganz organisch mit Katzen. Es gibt persönliche Gründe, warum wir so gut miteinander auskommen. Ich bin meinen Routinen treu und finde einen Sinn in ihnen. Aber ich möchte Dingen wie Pünktlichkeit und regelmäßigen Mahlzeiten keinen zu großen Wert zuschreiben. Das wäre so, als würde man einen zornigen Einsiedler loben, nur weil er seine Gebete, Lesungen und Mahlzeiten mit treuer Pünktlichkeit einhält. Gebet und Kontemplation haben keinen besonderen Wert, wenn sie mich nicht zu einem besseren Menschen machen. Die große zweite Sure des Korans spricht dies sehr schön an, wenn sie sagt: „Frömmigkeit besteht nicht darin, dass ihr euer Gesicht nach Osten und Westen wendet. Frömmigkeit besteht darin, dass man an Gott, den Jüngsten Tag, die Engel, das Buch und die Propheten glaubt, dass man, aus Liebe zu ihm, den Verwandten, den Waisen, den Bedürftigen, dem Reisenden und den Bettlern Geld zukommen lässt und (es) für den Loskauf der Sklaven und Gefangenen (ausgibt), und dass man das Gebet verrichtet und die Abgabe entrichtet. (Fromm sind auch) die, die ihre eingegangenen Verpflichtungen erfüllen, und die, die in Not und Leid und zur Zeit der Gewalt geduldig sind. Sie sind es, die wahrhaftig sind, und sie sind die Gottesfürchtigen." (177).

Ich muss also aufpassen, dass ich meine „Katzenqualitäten" nicht zu positiv sehe. Und ich darf nicht zulassen, dass sie mich davon abhalten, zu wachsen und mich zum Guten zu verändern.

Ich werde dir noch ein weiteres Beispiel geben. Neulich hat meine Tochter die Bezüge des Gästebettes durcheinandergebracht. Sie hatte im Zimmer herumgealbert und das Bett zerknittert zurückgelassen. Ich bemerkte es etwa eine Stunde später und dachte mir nicht viel dabei. Aber ein paar Stunden später erwischte ich Martin dabei, wie er das zerwühlte Bett markierte. Ich war schockiert – eigentlich hatte ich gedacht, er hätte das aufgegeben.

Aber dann dachte ich eingehender darüber nach. Er mag es, wenn die Dinge so sind, wie sie sein sollen, das *Ich lerne sowohl von den Stärken als auch von den Schwächen meiner Katzen.* heißt so, wie sie immer waren. Dieses Bett ist das einzige Bett in unserem Haus, das immer ordentlich gemacht ist, es sei denn, jemand ist zu Besuch. Beide Katzen liegen tagsüber gerne darauf. Martins Routine war gestört worden. Nachdem ich das Problem entdeckt und das Bett abgezogen hatte, um alles zu waschen, lag er einige Stunden später auf der unbezogenen Matratze und sah aus wie immer, als ob die Sache erledigt wäre. Ich bin kein Katzenpsychologe, aber er wirkte zufrieden, ja sogar selbstgerecht; ich nehme an, er glaubte, dass er mir einen Gefallen getan hatte, indem er mich auf das Problem aufmerksam gemacht hatte.

Ich brauche also mehr als das, was ich von meinen Katzen lerne. Ich muss mich auch ständig mit dem auseinandersetzen, was neu ist, was sich verändert und was verändert werden muss.

Ich nehme an, der Trick besteht darin, diese beiden Dinge miteinander zu vereinen. Die Disziplin aufzubringen, die notwendig ist, um geistliche Übungen ins Leben einzubauen, und dabei offen für Neues zu bleiben – das ist der Spagat, den wir alle vollbringen müssen. Ich würde sagen, dass ich sowohl von den Stärken als auch von den Schwächen meiner Katzen lerne.

Wir sind ein winziger, aber notwendiger Teil in einem kosmischen Tanz, wie Joyce Rupp so gut erklärt:

„Als ich älter wurde, verlor ich etwas von meiner Achtsamkeit. (…) Ich war zu sehr auf mein geschäftiges Leben und meine Arbeit konzentriert und bemerkte es oft nicht. (…) Schließlich machte ich einige verblüffende Entdeckungen – drei an der Zahl –, und sie haben mein Leben für immer verändert. Die erste ist die erstaunliche Erkenntnis, dass ich aus Sternenstaub gemacht bin, dass jeder Teil dessen, was ich materiell bin, einst ein Stück eines am Himmel leuchtenden Sterns war. Die zweite Entdeckung ist, dass die Luft, die ich atme, dieselbe Luft ist, die den Globus seit Jahrtausenden umschließt und von Menschen, Lebewesen und Pflanzen in weit entfernten Ländern und Meeren ein- und ausgeatmet wurde. Aber die erstaunlichste Entdeckung (…) ist die Tatsache, dass ich Teil eines riesigen und wunderbaren Tanzes bin, der unaufhörlich in jedem Moment in jedem kleinsten Teilchen des Universums stattfindet."

Martin und Rosa mögen sich dieses kosmischen Bildes nicht bewusst sein, aber sie sind trotzdem meine Lehrer. Wir brauchen jede Hilfe, die wir bekommen können.

QUELLEN UND WEITER-FÜHRENDE LITERATUR

Am Ende dieses Buches findest du zahlreiche Quellenangaben, die dir die Experten, Autoren und Studien nennen, die ich zitiert habe. Darüber hinaus haben mich die folgenden Werke in verschiedenen Stadien des Schreibens begleitet. Ich empfehle sie denjenigen, die tiefer in das Thema einsteigen wollen. Ich habe sie in zwei Listen aufgeteilt. Mein Geist und mein Herz wenden sich mehr dem Philosophischen und Kontemplativen zu als dem Inspirierenden, daher enthält die erste Liste die Bücher, die mich beim Schreiben am meisten beeinflusst haben.

Philosophisch und kontemplativ

Emanuele Coccia: Metamorphosen. Das Leben hat viele Formen. Eine Philosophie der Verwandlung, Carl Hanser Verlag 2021.

John Gray: Katzen und der Sinn des Lebens. Philosophische Betrachtungen, Aufbau 2022.

John Gray: Raubtier Mensch. Die Illusion des Fortschritts, Klett-Cotta 2015.

Diese zweite Liste ist nicht weniger wichtig – sie enthält sogar Bücher, die ein viel breiteres Publikum erreicht haben, als es mein Buch je tun wird. Auf zehn veröffentlichte Bücher über

Hunde kommt vielleicht eines über eine Katze oder Katzen. Dennoch gibt es viele, die zu empfehlen sind. Sie werden im Folgenden in alphabetischer Reihenfolge vorgestellt, wobei das erste Buch bei Weitem das beliebteste und bekannteste ist.

Katzen-Memoiren

Cleveland Amory: Die Katze, die zur Weihnacht kam. Eine bezaubernd weise Geschichte um eine Katze im Besonderen – und um alle Katzen der Welt. Fischer 2005.

Helen Brown: Cleo. Wie ich das Lachen wieder lernte. Diana Verlag 2012. Eines der charmantesten Bücher in der reizvollen Kategorie der Mensch-Katzen-Memoiren.

Vicki Myron, mit Bret Witter: Dewey und ich. Die wahre Geschichte des berühmtesten Katers der Welt, Page & Turner 2009. Als Kätzchen wurde Dewey im Rückgabeschacht einer öffentlichen Bibliothek in Iowa ausgesetzt und von der Autorin dieser Memoiren, der Leiterin der Bibliothek, entdeckt, die Dewey genauso brauchte wie Dewey sie.

Psychologie, Pflege und Verhalten von Katzen

Stephen Budiansky: The Character of Cats. New York: Viking, 2002. Dies ist eines der besten Werke der Katzen-Pop-Psychologie. Es enthält sogar einen Persönlichkeitstest für Katzen.

Carolyn Janik / Ruth Rejnis: The Complete Idiot's Guide to Living with a Cat. New York: Alpha Books 1996. Umfassendes Werk über Katzenverhalten, Persönlichkeiten und Pflege.

Desmond Morris: Catwatching. Die Körpersprache der Katzen, Heyne 2000. Der Klassiker.

Gina Spadafori / Lauren Demos / Paul D. Pion: Katzen für Dummies. Die richtige Pflege für ein langes Katzenleben. Wiley-VCH 2020. Aktuelles Nachschlagewerk, das alle grundlegenden Fragen für neue und erfahrene Katzenbesitzer beantwortet.

Elizabeth Marshall Thomas: Das geheime Leben der Katzen, Rowohlt 1997. Für diejenigen, die über die Ursprünge der Hauskatzen als große Wildkatzen nachdenken wollen, ist dies ein guter Ausgangspunkt.

Katzen und Schönheit

Richard Surman: Cloister Cats. London: Collins 2007. Fotos und Geschichten von Katzen, die in neunzehn anglikanischen, römisch-katholischen und buddhistischen Klöstern und Abteien auf den britischen Inseln und in Irland leben. Das Zitat aus diesem Buch in Kapitel 3 stammt von Seite 20.

Katzengeschichten

Es gibt viele Bücher in dieser reichen Kategorie. Viele unserer größten Schriftsteller der letzten Jahrhunderte haben mit Begeisterung Geschichten über Katzen geschrieben. Dies sind zwei Sammlungen, die mir am besten gefallen haben.

Becky Brown: Katzen duschen nie. Arche Literatur Verlag 2016.

Suzy Robinson (Hg.): About Cats. Notting Hill Editions 2021.

DANK

Dieses Buch begann mit einem E-Kurs, der von meinen Freunden bei *Spirituality & Practice* (spiritualityandpractice. com) im Januar 2021 gesponsert wurde. Ich danke den etwa hundert Menschen, die sich für diesen ersten Tauchgang in das, was wir einfach „Die Spiritualität von Katzen" nannten, angemeldet haben. Unsere Gespräche haben mir geholfen, vieles zu vertiefen.

Mein Dank gilt auch Frederic und Mary Ann Brussat, den Gründern von Spirituality & Practice, mit denen ich 25 Jahre lang die Geschichten über und die Liebe zu unseren Katzen geteilt habe.

Vielen Dank an Emily McFarlan Miller, Korrespondentin des Religion News Service und ebenfalls Katzenliebhaberin, für den klugen Artikel, den sie über unsere Bemühungen geschrieben hat: „Neuer E-Kurs lehrt: Katzen nachahmen und das Schnurrvana erreichen".

Der Agent Joe Durepos war hilfreich bei der Umwandlung des E-Kurses in eine Buchidee, und Lil Copan von Broadleaf war von Anfang an mit Begeisterung dabei. Mein Dank gilt auch ihnen beiden.

Mein Sohn Joe half mir, indem er mir Geschichten über seine frühen Kindheitserlebnisse mit seiner Katze Mia erzählte, an die ich mich entweder nicht erinnern konnte oder die ich nicht beobachtet hatte.

Anmerkungen

Vorwort

- John Gray: Feline Philosophy. Cats and the Meaning of Life. New York: Farrar, Straus & Giroux 2021, S. 6.

Kapitel 1

- Atheist becoming a chaplain. Vgl. Vanessa Zoltan: Praying with Jane Eyre. Reflections on Reading as a Spiritual Practice. New York: TarcherPerigee 2021.
- Ronald Rolheiser: „The Domestic and the Monastic", Kolumne, 27. Januar 2008, *https://ronrolheiser.com/the-domestic-and-the-monastic/* (letzter Zugriff: 30.10.2023).
- Hafis: Dies ist meine Umschreibung, aber du wirst überall dort, wo die Lehren der Sufi-Mystiker zusammengefasst werden, Varianten davon finden. Vgl. zum Beispiel Sadhu T. L. Vaswani: Sufi Saints of East and West. New York: Sterling Publishers 2002, S. 14.
- Abraham Joshua Heschel: God in Search of Man. A Philosophy of Judaism. New York: Farrar, Straus & Giroux 1976, S. 404.
- Cynthia Bourgeault: Eye of the Heart. A Spiritual Journey into the Imaginal Realm. Boulder/CO: Shambhala 2020, S. 81.

Kapitel 2

- Behavioral Processes: Beide Zeitschriftenstudien werden in einem Artikel der New York Times von 2019 erwähnt: Rachel Nuwer: „Cats Like People (Some People, Anyway)", *New York Times*, 24. September 2019, *https://www.nytimes.com/2019/09/24/science/cats-humans-bonding.html* (letzter Zugriff: 30.10.2023).
- Suzy Robinson (Hrsg.): On Cats. Kendal/UK: Notting Hill Editions 2021, S. 89.
- Schnurren bei säugenden Kätzchen: Desmond Morris: Catwatching. New Enlarged Edition. London: Arrow Books 1992, S. 15.
- Thich Nhat Hanh: The Pocket Thich Nhat Hanh. Hrsg. v. Melvin McLeod. Boston: Shambhala 2012, S. 138.
- Pierre Teilhard de Chardin: Human Energy. New York: Harcourt Brace Jovanovich 1969, S. 32.
- Mary Oliver (Hrsg.): „On the Beach"; in Devotions. The Selected Poems of Mary Oliver. New York: Penguin Press 2017, S. 65.

Kapitel 3

- Brief von Bernhard von Clairvaux an Robert, in Caroline Walker Bynum: Jesus as Mother. Studies in the Spirituality of the High Middle Ages. Berkeley: University of California Press 1984, S. 116-117. Ich habe die Übersetzung leicht angepasst.

- Kenneth L. Woodward: „„Lived from the Heart'. An Interview with Bernard McGinn", Commonweal, Januar 2022, S. 37.
- Franz von Assisi: Über das Muttersein; in: The Complete Francis of Assisi, hrsg. u. übers. v. Jon M. Sweeney. Brewster/MA: Paraclete Press 2015, S. 231.
- Psalm 16,11.
- Diana L. Eck: Darsan. Seeing the Divine Image in India. New York: Columbia University Press 1998, S. 3.
- Ersetzen der Mutterkatze: Desmond Morris, Catwatching, S. 39. Verwilderte Katzen, die an einer markanten Stelle Kot absetzen: Desmond Morris, Catwatching, S. 81.

Kapitel 4

- Katzen verantwortlich für den Tod von Singvögeln: Siehe Daten der American Bird Conservancy: *https://abcbirds.org/program/cats-indoors/cats-and-birds/* (letzter Zugriff: 30.10.2023).
- Edwin F. Bryant (übersetzt mit Einleitung und Anmerkungen): Krishna. The Beautiful Legend of God (Srimad Bhagavata Purana Book X). New York: Penguin Books 2003.
- John Grimes: A Concise Dictionary of Indian Philosophy. Sanskrit Terms Defined in English. Neue, überarb. Aufl. Albany: State University of New York Press 1996.
- Simon Gathercole: „The Infancy Gospel of Thomas"; in: The Apocryphal Gospels. London: Penguin Books 2021, S. 31-32.
- Siehe Iris Murdochs Roman „Henry und Cato". Glasgow: Triad und Granada 1983, S. 154.
- Henri Nouwen. Siehe zum Beispiel Michael Ford: Wounded Prophet. A Portrait of Henri J. M. Nouwen. New York: Image 2002.
- Christina die Erstaunliche. Siehe Elizabeth Spearing (Hrsg.): Medieval Writings on Female Spirituality. New York: Penguin 2002, S. 75-86.

Kapitel 5

- John Gray: Feline Philosophy, S. 18.
- Baal Shem Tov / Martin Buber: Tales of the Hasidim. The Early Masters. New York: Schocken Books 1947, S. 45.
- Al-Nisaburi, zitiert von Kristin Zahra Sands: Sufi Commentaries on the Qur'an in Classical Islam. New York: Routledge 2000, S. 102.
- John the Short: The Desert Fathers. Sayings of the Early Christian Monks. New York: Penguin 2003, S. 22.
- Seyyed Hossein Nasr (Hrsg.): The Study Quran. A New Translation and Commentary. New York: HarperOne 2015, S. 79. Und für die alternative Übersetzung: „What Rewards Am I Seeking from Fasting", Blog post, University of Manchester Islamic Society, *https://www .manchesterisoc.com/blog/what-rewards-am-i-seeking -from-fasting/* (Link nicht mehr verfügbar).

Kapitel 6

- Prediger 4,11-12
- Hildegard von Bingen; in: Original Blessings. A Primer in Creation Spirituality. Santa Fe/NM: Bear & Company 1983, S. 184.

- Teresa von Avila: Mystical Writings. New York: Crossroad Publishing 1997, S. 41.
- Malcolm X, Brief, geschrieben am 25. August 1964, kann als Faksimile online auf verschiedenen Websites gelesen werden, unter anderem hier: *https://www.dailymail.co.uk/news/article-3277981/Letter -written-Malcolm-X-sale-1-25-million.html* (letzter Zugriff: 30.10.2023).
- Charles Flood, SCJ: The Lakota Prayer Book. Inspiration for Daily Life. Chamberlain/SD: St. Joseph's Indian School 1992, S. 12.

Kapitel 7

- Cleveland Amory: The Cat Who Came for Christmas. New York: Back Bay Books 2013.
- Wisława Szymborska: Nobel Lectures. From the Literature Laureates, 1986 to 2006. New York: The New Press 2008. Auch online verfügbar unter *https://www.nobelprize.org/prizes/literature/1996/szymborska/lecture/* (letzter Zugriff: 30.10.2023).
- Aktuelle Studie zum Bindungsverhalten von Katzen. Kristyn R. Vitale / Alexandra C. Behnke / Monique A. R. Udell: „Attachment Bonds between Domestic Cats and Human", Current Biology 29 (23. September 2019); siehe Abbildung 1 auf R865.
- Nonnen im Bus: *https://networklobby.org/nunsonthebus/.* (letzter Zugriff: 30.10.2023).
- Daniel Berrigan / Robert Coles: The Geography of Faith. Underground Conversations on Religious, Political, and Social Change. Woodstock/VT: SkyLight Paths 2001, S. 36.
- Sr. Simone Campbell: Hunger for Hope. Prophetic Communities, Contemplation, and the Common Good. Maryknoll/NY: Orbis Books 2020, S. 127.

Kapitel 8

- Heilige Teresa von Ávila, aus: The Way of Perfection; in: The Collected Works of Saint Teresa of Avila. Volume Two. Washington/DC: ICS Publications 1980, S. 107.
- John Sullivan, OCD (Hrsg.): Edith Stein. Essential Writings. Maryknoll/NY: Orbis Books 2002, S. 64.
- Christine Valters Paintner: AbbeyoftheHearts.com, *https://abbeyofthearts.com/blog/2011/08/25/the-transforming-power-of-lectio-divina-a-deeper-look-at-the-four-movements/* (Link nicht mehr verfügbar).
- Paul Quenon, OCSO: Amounting to Nothing. Poems. Brewster/MA: Paraclete Press 2019.

Kapitel 9

- Sr. Annabel Laity (Hrsg.): Thich Nhat Hanh. Essential Writings. Maryknoll/NY: Orbis Books 2001, S. 122.
- Seyyed Hossein Nasr (Hrsg.): The Study Quran. A New Translation and Commentary. New York: HarperOne 2015, 19; 93-96; 786.
- Bonnie Myotai Treace: Wake Up. How to Practice Zen Buddhism. Emeryville/CA: Rockridge Press 2019, S. 10-11.

Kapitel 10

- Lydia Davis: The Cows. Louisville/KY: Sarabande Books 2011, S. 11-12.
- John Gray: Feline Philosophy, S. 110.
- Anne Lamott: Help Thanks Wow. The Three Essential Prayers. New York: Riverhead 2012.
- Bruder David Steindl-Rast: Gratefulness.org, *https://grateful.org/resource/what-is-gratitude/* (letzter Zugriff: 30.10.2023).

Kapitel 11

- Michel de Montaigne: The Essays. Vol. 1. London: Oxford University Press 1927; aus „Apology for Raimond Sebond", S. 441-444.
- Alexandra Sellers: How to Speak Cat. The Essential Primer of Cat Language. New York: Harper Collins 1998, S. 5.
- „The Questions of Bartholomew"; in: The Apocryphal Gospels. New York: Penguin 2021, S. 289-290.

Kapitel 12

- Grimms Märchen: „Katze und Maus in Gemeinschaft"; in: Joseph Campbell / Padraic Colum (Hrsg.): The Complete Grimm's Fairy Tales. New York: Pantheon Books 1972, S. 23.
- Übersprungshandlungen: *https://catsinternational.org/displacement-activities-and-stereotypes/* (letzter Zugriff: 30.10.2023).
- Enneagramm Acht und Enneagramm Neun: Ian Morgan Cron: The Story of You. An Enneagram Journey to Becoming Your True Self. New York: HarperOne 2021, S. 35-55.

Kapitel 13

- Oscar, der Kater aus dem Pflegeheim: David M. Dosa: „A Day in the Life of Oscar the Cat", *The New England Journal of Medicine* (Juli 2007), *https://www.nejm.org/doi/full/10.1056/NEJMp078108* (letzter Zugriff: 30.10.2023).
- Onkologen schreiben über Katzen: David P. Steenma: „The Scent of Cancer", *Annals of Internal Medicine* (August 2010), *https://www.acpjournals.org/doi/abs/10.7326/0003-4819-153-11-201012070-00022* (letzter Zugriff: 30.10.2023).
- Thich Nhat Hanh: Path of Compassion. Stories from the Buddha's Life. Berkeley/CA: Parallax Press 2008, S. 72.
- Wendell Berry: This Day. Sabbath Poems Collected and New, 1979-2013. Berkeley/CA: Counterpoint 2013, S. 7.
- Mary Oliver: Devotion. The Selected Poems of Mary Oliver. New York: Penguin 2020, S. 107-108.
- Annie Dillard: Pilgrim at Tinker Creek. New York: Harper Perennial 2013, S. 16.

Kapitel 14

- Joy Harjo: Poet Warrior. New York: W. W. Norton 2021, S. 186.
- Katzen, die uns beim Telefonieren zuhören: Desmond Morris, Catwatching, S. 29.
- Paul Zak: „Dogs (and Cats) Can Love"; in: *The Atlantic*, 22. April 2014, *https://www.theatlantic.com/health/archive/2014/04/does-your-dog-or-cat-actually-love-you/360784/* (letzter Zugriff: 30.10.2023).
- Desmond Tutu, aus einem NPR-Interview: Frederic Brussat / Mary Ann Brussat: Spiritual Literacy. Reading the Sacred in Everyday Life. New York: Scribner 1998, S. 275.

Kapitel 15

- Samuel L. Perry: „How Religion Predicts Pet Ownership in the United States", *Journal for the Scientific Study of Religion* 59, Nr. 1 (März 2020). Ich zitiere aus dem Auszug und meiner Reaktion darauf, der in *The Tablet* vom 10. Januar 2020 veröffentlicht wurde. thetablet.co.uk (letzter Zugriff: 30.10.2023).
- John G. Neihardt / Black Elk Speaks: Being the Story of a Holy Man of the Oglala Sioux. Albany/NY: State University of New York Press 2008, S. 307.
- John Gray: Feline Philosophy, S. 110.
- Juliana von Norwich. Wörtlich wiederholt von T. S. Eliot in „Little Gidding", dem letzten Teil seiner Vier Quartette.
- Meister Eckhart, aus: „On Detachment"; in Treatises and Sermons of Meister Eckhart. Übers. v. James M. Clark u. John V. Skinner. New York: Harper & Brothers 1958, S. 167-168. Ich habe die Übersetzung an einigen Stellen geändert.
- Siehe den jüdischen Morgensegen in Kol Haneshamah: Shabbat Vegahim. Elkins Park/PA: The Reconstructionist Press 1994, S. 152-161. Dies ist das wöchentliche Gebetbuch der Bewegung „Reconstructing Judaism".

Kapitel 16

- Alexandra Sellers: How to Speak Cat. The Essential Primer of Cat Language. New York: Harper Collins 1998, S. 16.
- Die Beschreibung der britischen Studie ist zitiert aus Tigers: The World's Most Extraordinary Animals. New York: Life/Meredith Corporation 2021, S. 82.
- Gehorsam und Wissen in den hebräischen Schriften. Siehe zum Beispiel Hosea 4,1 in der New Revised Standard Version („Hört das Wort des Herrn, ihr Völker Israels … Es gibt keine Treue und keine Loyalität und kein Wissen über Gott im Land.") gegenüber dem hebräisch-englischen Tanach JPS („Hört das Wort des Herrn, ihr Leute von Israel! … Denn es gibt keine Ehrlichkeit und keine Güte und keinen Gehorsam gegenüber Gott im Lande.").
- Willa Blythe Baker: The Wakeful Body. Somatic Mindfulness as a Path to Freedom. Boulder/CO: Shambhala 2021, S. 107.

Kapitel 17

- Candice Lin: „Seeping, Rotting, Resting, Weeping", Walker Art Center, Minneapolis/
  MN 2021. Außerdem: Interview mit Candice Lin in ArtForum (1. November 2021),
  *https://www.artforum.com/interviews/candice-lin-on -collective-grief-and-the-consolation-
  of-cats-86884* (letzter Zugriff: 30.10.2023).
- Ursula LeGuin, in: Suzy Robinson, About Cats, S. 90.
- Rebbe Nachman von Breslov und Reb Noson: Siehe die vielen Ressourcen des Breslov
  Research Institute in Jerusalem, einschließlich dieser Seite auf ihrer Website: *https://
  breslov.org/borrow-the-happiness/* (letzter Zugriff: 30.10.2023).
- Carlo Carretto: Me, Francis. Maryknoll/NY: Orbis Books 1982, S. 15.
- Jackie Higgins: Sentient. How Animals Illuminate the Wonder of Our Human Senses.
  New York: Atria Books 2022, S. 182-183.
- Schams Tabriz, zitiert von Camille Hamilton Adams Helminski: The Way of Mary.
  Maryam, Beloved of God. Louisville/KY: Sweet Lady Press 2021, S. 86.

Epilog

- Zitat aus der zweiten Sure. Seyyed Hossein Nasr (Hrsg.): The Study Quran. A New
  Translation and Commentary. New York: HarperOne 2015, 2:177.
- Kommentar zur Frömmigkeit in 2:177: Das Koranstudium, S. 75-76.
- Michael Leach (Hrsg.): Joyce Rupp. Essential Writings. Maryknoll/NY: Orbis Books
  2017, S. 118-119.

Koranzitate aus:
Der Koran. Übersetzt und kommentiert von Adel Theodor Khoury. © Gütersloher Verlagshaus, Gütersloh, in der Verlagsgruppe Random House GmbH München, 2007.

Soweit nicht anders angegeben, sind die Bibelverse folgender Ausgabe entnommen:
Gute Nachricht Bibel, durchgesehene Neuausgabe,
© 2018 Deutsche Bibelgesellschaft, Stuttgart.

Weiter wurde verwendet:
Einheitsübersetzung der Heiligen Schrift
© 2016 Katholische Bibelanstalt GmbH, Stuttgart. (EÜ)
Hoffnung für alle TM Copyright
© 1983, 1996, 2002, 2015 by Biblica, Inc. Used with permission. All rights reserved
worldwide. (Hfa)
Die Bibel nach Martin Luthers Übersetzung, revidiert 2017,
© 2016 Deutsche Bibelgesellschaft, Stuttgart

Bibliografische Information der Deutschen Nationalbibliothek:
Die Deutsche Nationalbibliothek verzeichnet diese Publikation in der Deutschen
Nationalbibliografie; detaillierte bibliografische Daten sind im Internet über
http://dnb.d-nb.de abrufbar.

Klimaneutrale Produktion.
Gedruckt auf umweltfreundlichem, chlorfrei gebleichtem Papier.

Die amerikanische Originalausgabe erschien unter dem Titel „Sit in the Sun - and
other lessons in the spiritual wisdom of cats" im Verlag Broadleaf Books, Minneapolis,
© 2023 by Jon M. Sweeney.
Printed by Broadleaf Books, an imprint of 1517 Media.

This edition arranged with Kaplan/DeFiore Rights through Paul & Peter Fritz AG.
© 2024 der deutschen Ausgabe
Bonifatius GmbH Druck | Buch | Verlag, Paderborn

Umschlaggestaltung: Weiss Werkstatt München, *werkstattmuenchen.com*
Umschlagfoto: © Adobe Stock | Evrymmnt
Übersetzung: Karoline Kuhn
Illustrationen: Jennifer Khatun
Lektorat: Nadine Weihe, *www.lektorat-weihe.de*
Satz: Bonifatius GmbH, Paderborn
Druck und Bindung: CPI books GmbH, Leck
Printed in Germany

ISBN 978-3-98790-034-1
Weitere Informationen zum Verlag:
www.bonifatius-verlag.de